本书获得教育部国别和区域研究培育基地
——西南科技大学拉丁美洲和加勒比研究中心出版资助

中国与拉丁美洲

留学人员
交流与培养：
回顾、现状与展望

何霖俐 ◎ 著

中国社会科学出版社

图书在版编目（CIP）数据

中国与拉丁美洲留学人员交流与培养：回顾、现状与展望／何霖俐著．
—北京：中国社会科学出版社，2018.4
ISBN 978 - 7 - 5203 - 2314 - 7

Ⅰ.①中… Ⅱ.①何… Ⅲ.①留学生—中外关系—文化交流—研究—
拉丁美洲 Ⅳ.①G648.9

中国版本图书馆 CIP 数据核字（2018）第 072938 号

出 版 人	赵剑英
责任编辑	张　林
特约编辑	宋英杰
责任校对	夏慧萍
责任印制	戴　宽

出　　版	中国社会科学出版社
社　　址	北京鼓楼西大街甲 158 号
邮　　编	100720
网　　址	http://www.csspw.cn
发 行 部	010 - 84083685
门 市 部	010 - 84029450
经　　销	新华书店及其他书店

印　　刷	北京明恒达印务有限公司
装　　订	廊坊市广阳区广增装订厂
版　　次	2018 年 4 月第 1 版
印　　次	2018 年 4 月第 1 次印刷

开　　本	710 × 1000　1/16
印　　张	14.5
插　　页	2
字　　数	173 千字
定　　价	66.00 元

目　　录

第一章

问题的提出

《国家中长期教育改革和发展规划纲要（2010—2020 年）》第十六章第 50 条提出："创新和完善公派出国留学机制，在全国公开选拔优秀学生进入国外高水平大学和研究机构学习。加强对自费出国留学的政策引导，加大对优秀自费留学生资助和奖励力度。坚持'支持留学、鼓励回国、来去自由'的方针，提高对留学人员的服务和管理水平。"在经济全球化的今天，高等教育国际化已成为必然趋势。留学生教育作为反映大学国际化程度的重要指标，在政治、经济和文化等领域具有重大的战略意义。

一　迫切的需要：高等教育国际化浪潮驱动中国与拉丁美洲深入开展教育合作与交流

20 世纪下半叶，在各国经济迅速发展的背景下，信息技术的广泛运用加强了国与国之间的交流与合作，经济全球化已经成为当今世界不可逆转的趋势和主要特征。经济的全球化带来教育的国际化，教育国际化已成为许多国家教育发展的重要战略和普遍共识。随着全球化的演进和扩张，越来越多的学生远赴国外寻求优质高等教育机会，而且流动的程度、频度和广度正呈现加速上升趋势。据澳大利亚教育咨询公司 IDP Education Pty Ltd 的分析和预测，到 2025 年，全球留学生的规模将增至 750 万。

留学生教育规模的扩大逐渐成为全球高等教育国际化深入发展的内在要式。留学生交流作为高等教育国际化的一个重要指标和表现形式，在国际化人才的培养和本国高等教育的发展中起到了重大的作用。中国迄今已向 31 个拉美国家提供政府奖学金名额，共有约 3200 名拉美国家留学生接受中国政府奖学金来华学习，其中 1000 多名留学生正在中国学习。双方的交流还处在起步阶段，双方留学生的交流和增长的空间还很大。因此，中拉双方深入加强留学人员教育合作与交流，合力培养共需的精英人才，对开创中拉高校的交流与合作新格局具有重要意义。

二　政策的支持：良好的中拉合作关系为中拉留学人员交流提供了重要基础

中国与拉丁美洲是当今国际社会中发展中国家与地区的代表力量，是国际政治经济新秩序的构建与参与者。虽然相隔万里，但是中拉交往源远流长，新中国历代领导人高度重视发展中拉关系，在拉美各国播下友谊的种子，结下了深厚情谊。新世纪以来，中国同拉美国家的关系取得了令人瞩目的发展，政治互信不断增强，经贸合作不断扩大，人文交流广泛开展，双方合作关系进入了一个崭新的时期。十八大以来，中国加大了在拉美地区的投入，2015 年中拉之间实现了双边和多边外交的全覆盖，成立了中拉论坛，中拉关系呈现新热度。

随着"一带一路"国家倡议的持续推进，中国与拉美各国合作空间广泛，发展潜力巨大。因此，不断推动中拉关系向深层次、多领域、全方位发展，是新时期中国发展同广大拉美国家关系的国家战略利益所在。中拉互派留学人员既是促进双方增进了解的重要渠道，也是不断发展双边政治和经贸关系的重要需求。

三　现实的反思：中国赴拉丁美洲地区留学人员教育规模依旧偏小

根据中国与全球化智库（CCG）发布的国际人才蓝皮书《2016年中国留学发展报告》显示，从1978年至2016年年底，各类出国留学人员累计达458.66万人，其中自费出国留学比例高达93%，国家公派留学比例达6%，单位公派留学比例达3%。中国赴美国、英国、澳大利亚、加拿大留学的人数所占比重最大，占出国留学总人数的75%。[①]

然而，根据我国教育部政务办公室统计，2016年，我国赴拉丁美洲留学总人数约600人，规模仍然很小，且国别主要集中在古巴、墨西哥、哥斯达黎加等国家。中国学生（西班牙语、葡萄牙语专业学生除外）赴拉美留学的热情不足，特别在执行校际交流协议时，拉美国家学生来华积极性很高，但中方向拉美国家派出学生的难度很大。

因此，梳理研究中国与拉丁美洲开展留学人员交流的历史史料，分析研究双方开展留学人员交流的成果和存在的问题，结合我国企业"走出去"和"一带一路"倡议，提出我国赴拉丁美洲人才培养结构和布局的政策建议，发挥拉美人才在中拉人文交流以及政治和经贸中的作用，进一步推动中拉全面合作，具有全局性的战略意义和重大现实价值。

---

① 中国与全球化智库（CCG）:《中国留学发展报告（2017）》，2017-12-21，http://www.chinanews.com/sh/2017/12-21/34589.shtml。

第二章

拉丁美洲教育概况

拉丁美洲（简称拉美）是指美国以南的美洲地区，地处北纬32°42′和南纬56°54′之间，包括墨西哥、中美洲、西印度群岛和南美洲。它东濒加勒比海和大西洋，西临太平洋；南隔德雷克海峡与南极洲相望；北界墨西哥与美国界河布拉沃河（即格兰德河），与美国为邻。共有34个国家：墨西哥、危地马拉、洪都拉斯、萨尔瓦多、尼加拉瓜、哥斯达黎加、巴拿马、古巴、海地、多米尼加、牙买加、特立尼达和多巴哥、巴巴多斯、格林纳达、多米尼加联邦、圣卢西亚、圣文森特和格林纳丁斯、巴哈马、圭亚那、法属圭亚那、苏里南、委内瑞拉、哥伦比亚、巴西、厄瓜多尔、秘鲁、圣基茨和尼维斯、玻利维亚、智利、阿根廷、巴拉圭、乌拉圭、伯利兹、安提瓜和巴布达。还有仍处于美、英、法、荷统治下的十多个殖民地（见图1）。

拉丁美洲和加勒比地区拥有世界上近1/10的人口和1/7的国家，是世界第三大语言所在地，也是世界发展中国家高等教育水平较高的地区。拉丁美洲是一个多种族的地区，有着不同的地域、气候，以及多样化的群体，语言多样，其中西班牙语和葡萄牙语在当地最为常用。长期以来，拉丁美洲被公认为世界上最不平等的地区。不仅在居民收入水平上有着显著的差距，而且这种不平等也突出体现于居民所能得到的教育机会和教育质量方面。本章主要对拉丁美洲教育管理体制以及各级各类教育概况进行梳理。

安提瓜和巴布达
巴巴多斯
多米尼克
格林纳达
圣克里斯托弗和尼维斯
（圣基茨和尼维斯）
圣卢西亚
圣文森特和格林纳丁斯
特立尼达和多巴哥

阿鲁巴
安圭拉
波多黎各自由邦
法属圭亚那
瓜德罗普
荷属安的列斯群岛
开曼群岛
马提尼克
美属维尔京群岛
蒙特塞拉特
特克斯和凯科斯群岛
英属维尔京群岛

图 1　拉丁美洲地图

第一节　教育管理体制

长期以来，拉美大多数国家的教育都实行中央集权的管理体制。这种体制权力过分集中，缺乏社会的参与与支持。在 20 世纪

80 年代的经济危机中，拉美教育进一步暴露了这一体制的弱点。因此，拉美很多国家在进行教育体制和教学方法改革时，也都进行了教育管理"分权化"改革，有效地划分教育职能，建立分权化的管理系统。分权化的管理系统既是一个灵活的、能及时适应地方形势发展变化的管理系统，又是一个能把各地方分权机构按照必要的准则协调起来，共同行动的管理系统。所以，实行分权化管理就是要设计出一个新的组织模式和灵活的管理体制，能充分发挥各级地方政府和社会各部门的办学积极性。

第二节　各级各类教育概况

一　学前教育

拉美的学前教育已有近百年的历史。早在 20 世纪初，墨西哥、智利、阿根廷等少数拉美国家就已经有了学前教育，但直到 20 世纪 70 年代以后，学前教育才获得较快的发展。拉美各国学前教育的起始年龄是不同的，但绝大多数国家和地区是从 3 岁开始。3—5 岁幼儿的教育是该地区学前教育的重点。拉美各国的学前教育机构有幼儿园、托儿所、保育中心、学前儿童中心等。这些机构大都根据幼儿的特点对幼儿进行教育。拉美各国学前教育的发展是与各国政府重视学前教育分不开的。主要表现在：提高学前教育在整个教育系统的地位，个别国家甚至将其列为义务教育；制定法规，保证学前教育的发展；设立专门管理学前教育的机构，增加投资，兴办学前教育机构，对学前教育提出明确要求。

二　初等教育

早在古代印第安人的公共教育系统中，就有类似现代小学的初等教育。1523 年圣方济各会传教士在墨西哥城创办了拉美第一所小学。现在，小学校已遍布拉美各国的城乡，连边远的、土著人生活的山区，也都建立了小学。拉美国家的初等教育有 5 年、6 年、7 年、8 年和 9 年制等多种学制，8 年制以上的学制是把小学阶段和初中阶段合并起来，称为基础教育。各国小学学生入学的年龄不完全一样，最早的是 5 岁入学，最晚的是 7 岁，更多的国家是 6 岁入学。普及初等教育是拉美各国实施义务教育最基本的任务。拉美各国重视初等教育，实行正确的教育政策。这些政策主要有以下几项：明确目标，延长义务教育年限；狠抓普及初等教育的薄弱环节，增加教育机构和设施；增加投资，动员社会各方面的力量办学；采取得力措施，提高教育质量。尽管战后拉美各国初等教育发展很快，但是普及初等教育的任务仍然没有完成，仍有大约 15% 的学龄儿童没有上学，而且留级率（约占学生总数的 30%）和辍学率都居世界之首。

三　中等教育

拉美的中等教育发轫于 16 世纪中叶。直至"二战"以后，特别是 20 世纪 50 年代以后，拉美的中等教育才得到较快的发展。20 世纪 60 年代是拉美中等教育发展最快的年代。到 20 世纪 80 年代，拉美地区学龄青少年的中等教育就学率就已达到 43%，在第三世界中处于领先水平。拉美的中等教育有两种类型。一种仅含高级中学教育，不包括初级中学教育在内。另一种则包括初中和高中两个阶段，绝大多数国家的中等教育属于这一类型。从教育的目的来看，拉美的中等教育担负着向高等学校培养和输送合格新生和为劳动力市场输送劳动力的双重任务。由于担负的任务不同，中等教育亦分为普通中学和职业技术中学两种。普通中学主要担负向高等学校输送毕业生的任务（也有部分学生就业），不少国家的普通高中直接与大学衔接。职业技术中学的任务主要是为社会培养熟练的劳动力，向社会输送技术人员、职业人员和管理人员。职业技术中学还包括师范学校，师范学校主要是培养学前教育和初等教育的教师。

"二战"以后，特别是 20 世纪 60 年代以后，拉美国家普遍推行进口替代工业化发展战略，资本主义经济有了进一步发展，资本和技术密集型工业部门有所增加，社会对熟练劳动力和专业技术人员的需求增大。许多国家都把开发人力资源作为其实现国民经济现代化的重要战略举措。为此，拉美各国几乎无一例外地都在 20 世纪 50 年代以后的 20 年间对中等教育进行了改革。这些改革大致都有如下几个共同的特点：整个拉美地区的中等教育都确立了一个一致的改革目标，这就是中等教育多样化和科技教育现代化。拉美各国普遍建立了正规的职业技术教育系统。在正规的普通中等学校增加职业技术课程。建立专门机构，加强对职业教育的领导。"二战"后，拉美的中等教育虽有了长足的进步，但在发展的进程中仍存在不少问题，主要有中等教育的覆盖面仍不够广、留级率较高、职业技术教育质量不高、学生就业困难，造成大量职业技术学校的毕业生找不到工作，游离于劳动力市场之外。

在拉丁美洲，保证儿童的受教育权利是政府的头等大事之一，也是一项重大挑战。因为就受教育机会而言，高收入家庭儿童和低收入家庭儿童之间存在着巨大的差距，特别是在中等教育阶段和中等后教育阶段，更为明显。尽管近些年来，拉美国家在扩大儿童受教育机会方面取得了重大突破，极低收入家庭儿童和少数民族（如土著或非洲裔拉丁人）家庭儿童却被边缘化。为此，一些政府官员呼吁，拉美地区应当进一步推行不分种族的英才教育制度，以提升本地区的竞争力。拉美国家的发展关键在教育，教育的作用如此重要，决不能仅仅依靠政府来提供教育服务，公私部门之间的合作是教育改革成功的关键所在。截至目前，其在学校经营和教学质量上均取得显著成效。在这种公私合作伙伴关系中，公校民营是一种常见模式，通常采用教育券补助或立约承包等方式进行。这些方式结合家长择校制度，对学校的营运绩效进行有效监督。经营成效良好的公办民营学校，通常可以得到政府的补助，从而建立起一种"经营成效良好、更有利于达成教育目标的政府出资民间经营的合作机制"。拉丁美洲中等职业技术教育还有专门为城市的流浪儿童开设的非正规学校，叫作"流浪儿童庇护所"。①

拉丁美洲基础教育中的公私合作见表 1 表示题承包模式，是依据预算和服务内容而分类的（见表 1），其中以"教育券"的形式最为常见。拉丁美洲各国的公私合作承包可分为以下五类：

表 1　　　　　　拉丁美洲基础教育公私合作承包模式分类

模式	国家	计划
管理承包、经营承包	拉丁美洲	费依阿里希亚计划（Fe y Alegria）
	哥伦比亚	波哥大学校（Bogota Schools）
	委内瑞拉	委内瑞拉天主教教育协会计划（Venezuelan Association of Catholic Education）

① ［美］托马斯·于拉贝尔：《拉美的非正规教育与社会变革》，加利福尼亚大学拉美研究中心，1976 年。

续表

模式	国家	计划
教育服务承包	哥伦比亚	低收入家庭学生教育券计划（PACES）
学校建筑服务承包	智利	普通教育券计划（Universal Vouchers）
学校建筑与教育服务承包	墨西哥	圣路易斯·波托斯教育计划（San Luis Potosi）

四　高等教育

拉美的高等教育已有 400 多年的历史。早在 1538 年，罗马天主教就在多米尼加的圣多明各城建立了拉美第一所神学院，尽管这所学院是为传播宗教教义和培养神职人员而建立的，但也可被视为拉美高等教育的开始。第二次世界大战后，拉美高等教育迅速发展。首先是入学人数激增，其次是私立高等学校发展较快。在 20 世纪初，拉美的高等教育全部由国家兴办。到 20 世纪三四十年代，私立高等学校开始出现。到 20 世纪 60 年代以后，私立大学不断增多，到 1984 年，所有拉美国家都有了私立高等学校。很多国家都实施鼓励、扶植私立大学发展的政策，为私立学校提供资助。

（一）高等教育结构

拉美高等教育的结构有三个层次。第一层次是高等专科教育（即高等专科学校），学制 2—3 年，主要的任务是培养和提升学生从事某种专业的技能。学生毕业后授予专业证书。第二层次是大学本科教育，学制 4—7 年。学生毕业后授予所学专业的本科学位或其他相应职称，如工程师、地质师、经济师等。第三层次是研究生教育，学制一般 2—3 年，培养高级文理研究人员和高级技术人才，学生毕业后授予各级研究生学位。

拉美各国高等教育的任务是非常明确的，很多国家把这些任务写进了教育法规。高等教育的任务是：（1）培养高级专家、科学家和高级工程技术人员；（2）加强科学研究，促进本国科学事业的发展；（3）传播科学文化知识，促进民族文化繁荣。

（二）重大高等教育改革

20 世纪以来，拉美高等教育发展历经三次重大变革，于20 世纪 20 年代左右打破学术专政的壁垒，确立起现代化的发展理念和发展道路；20 世纪 70 年代至 90 年代，受"新自由主义"理念的影响，拉美高等教育一度陷入混乱无序发展的状态；进入 21 世纪，在全球化和教育国际化的大背景下，拉美高等教育由于在世界范围内不占优势，面临的困难和问题很多。拉美高等教育不仅要解决历史遗留问题，还要考虑在教育国际化的过程中潜在的风险。目前拉美高等教育改革主要围绕以下几个方面展开：（1）实现教育大众化和普及化；（2）寻求教育国际化的新模式；（3）把最新的技术手段应用于教学；（4）传播和产生新知识。

与 20 世纪相比，拉美的高等教育出现了如下一些引人瞩目的新变化。

1. 学生群体的变化

首先是大学生人数激增，接受高等教育的人口比率不断上升。从 2000 年开始，拉美大学生总人数就以每年约 80 万的速度不断攀升。2000 年，拉美大学生人数为 1130 万；到 2004 年，大学生人数突破 1500 万大关；到 2016 年，这一数据上升为 3100万。①

其次是学生构成发生变化。20 世纪 90 年代以前，大学生以白人、城市生源为主，学生主要来自中等或较高收入家庭。现在，学生来自不同的社会阶层和地区，以前所谓的"边缘人"（如印第安学生、不同种族的学生、残疾学生、女性学生）的比例日益增加。

最后是学生的教育选择多样化。除了接受常规大学教育，还有短期班、继续教育、远程教育等。

2. 新的高等教育管理部门的创立

教育市场化改革受挫后，政府管理教育的呼声再起。政府再次以"调解员""监察员"的身份直接领导和参与到教育中来，政府的作用有加强的趋势。许多国家在传统教育部的基础上，另外成立了专门负责管理高等教育的机构，来制定和实施高等教育政策。这些部委是教育部的左膀右臂，同时管辖大学和非大学性质的高等教育机构的运行，如巴西、阿根廷、墨西哥、哥伦比亚等国的高等教育部，委内瑞拉、多米尼加共和国等国的高等教育部，智利、洪都拉斯等国的高等教育指导委员会，巴拿马的第三级教育指导委员会等。②

---

① Claudio Rama Vitale, La educacion Superior en America Latina en el Periodo 2000 - 2016: Ocho ejes Centrales en Discusion, http://www. autoriawcm. ipn. mx/wps/wcm/connect/31f214004b1f 89c8844eed7b759ccbee/57_ La educacion superior_ en_ America_ Latina. pdY? MOD = AJPERES&C on-tentCache = NONE&CACHEID =31f214004b1f89c8844eed 7b759ccbee.

② Informe Sobre la Educacion Superior en America Latina y el Caribe 2000 - 2005, La Meta-morfosis de la Educacibn Superion IESALC, UTNESCO, Venezuela: Editorial Metropolis C. A.

为了保障教育质量，大部分拉美国家建立了各类评估机构。在第二次改革中建立的教育机构普遍感受到来自各类质量评估的压力。

除了国家设置的部门，大学之间还联席建立"校长联合会"。"校长联合会"就大学发展问题首先达成协议，然后与政府协商谈判，在教育政策制定过程中发挥了很大的作用。智利、尼加拉瓜、玻利维亚、厄瓜多尔、秘鲁等国的"校长联合会"甚至还能参与政府的财政分配方案、机构人员选举任命，或是其他与高等教育相关的公共政策的制定。

3. 教育地理边界的模糊化

对高等教育而言，全球化导致教育资源的国际流动性，并影响到大学的学术科研结构。能提供跨国界教育服务的全球性大学、"超级大学"（Mega-universidad）应运而生。拉美教育国际化大致可以分为三个阶段。在第一阶段，教育国际化的主要表现形式是师生互派交流；在第二阶段，国内外机构之间建立各种合作关系，如建立联盟、签署协约、互联网学习，等等；在第三阶段，教育资源优势国直接到他国建设教育中心。现在，在智利、厄瓜多尔、巴拿马、哥斯达黎加、墨西哥等国，都已有这样的外国常设机构。

近年来，拉美国家接受跨国界教育的人数持续增长，每个国家的情况与该国开放程度、信息技术水平、高等教育发展状况有关。比如，在巴哈马，这类学生占到高等教育总注册人数的12%，智利为7.5%，秘鲁不到1%。从出国流向上看，2003年度拉美学生在各大洲的总体分布情况是：美洲61%（其中美国80%，古巴11%，其他9%）；欧洲36%（其中西班牙32%，法国 19%，英国 14%，德国 13%，其他 22%）；大洋洲 2%；亚洲 1%。[①]

教育国际化把国家、地区的教育体制放在了国际竞争的大环境下，出现了公立院校、私立院校、国际院校三足鼎立、争抢生源的局面。这种三方关系可能导致积极的一面：结成联盟，优势互补；也可能导致消极的一面：全球教育商业化，质量滑坡。同时，拉美许多学者认为，全球化对高等教育不发达的拉美地区构成潜在的危机。

五　师范教育

拉美的师范教育是伴随各国免费义务教育的实施而产生的。拉美独立以后，各国相继提出普及小学教育的任务，而师资的培训是普及教育的前提，师范学校就是在这种形势下应运而生的。

拉美的师范教育分教师职前教育和教师在职教育两大系统。教师职前教育系统由师范教育学校和非师范教育学校组成。师范教育学校有中等师范学校、专门师范学校和高等师范学校三类。目前，拉美各国初等学校的教师一般由中等师范学校培养；中等学校教师则由高等师范学校和综合大学的教育学院或教育系培养。教师在职教育系统的建立，是拉美战后师范教育的新发展。这个系统的特点是按需兴办，灵活多样，由各大专院校、各级师范学校和教育行政部门共同负责。

第二次世界大战后，拉美各级教育发展很快，对教师的需求激增。由于师范教育发展相对滞后，拉美各国大都出现了教师短

---

① Informe Sobre la Educacion Superior en America Latina y el Caribe 2000 – 2005，La Metamorfosis de la Educacibn Superion IESALC，UTNESCO，Venezuela：Editorial Metropolis C. A.

缺和教师水平低的现象。为了解决这个问题，拉美各国政府都采取积极措施，大力发展师范教育。这些措施有：制定规划和法律，保证师范教育的发展；建立新的师范学校和教师进修机构；建立主管师范教育和教师进修的行政机构。经过拉美各国政府的努力，拉美的师范教育有了较大的发展，教师人数激增，教师水平提高。

拉美的师范教育从诞生之日起，就不断进行改革，目前已具有如下几个特点：在师范教育机构任教的教师一般都有任职资格的规定。由于教育系统对教师的学历要求有所提高，中等师范学校将逐步被淘汰。教师在职培训制度化，已形成完整的教师培训系统。

六　职业教育

21世纪初，拉美国家纷纷对过去集权化管理的公共培训体系进行私有化。在职业培训体系的私有化过程中，拉美国家走的道路并不完全相同。归纳起来，大体上采取了以下四种举措。

1. 在私有化初期，巴西、阿根廷和一些中美洲国家实行职业培训的分权化改革。它们先将培训权力分散于各州和地方政府。如多米尼加职业技术培训学院、洪都拉斯国家专业培训机构和萨尔瓦多职业培训局等公共培训机构，它们把培训外包给各地方设立的"合作中心"，从而实现地方分权；阿根廷则解散了全国技术教育委员会，把职业培训中心下放到省政府和布宜诺斯艾利斯市政府手中。

2. 以智利为代表的国家分权化和私有化改革并行。早在20世纪70年代，智利政府就把管理公立职业学校的权力下放到市政府、私人公司,尤其是企业协会手中;企业协会与政府一道制订培训计划。此后,智利大多数地区成立了由企业协会和地方政府组成的地区教育和工作委员会,通过竞标程序把培训课程外包给私人培训机构或公共培训机构,与企业需求直接挂钩。这种外包模式起源于1994年制订的"智利青年计划"。该计划是一个"外包培训模式"的实验,模仿美国的《工作培训伙伴法》而制订,并得到美洲开发银行的资助和国际劳工组织的参与。这一模式很快被推广到委内瑞拉、阿根廷、巴西、巴拉圭、秘鲁、乌拉圭、哥伦比亚、巴拿马、多米尼加和海地等国。① 但这些培训项目主要由国外资助,一旦外国停止资助,培训项目就不复存在了,智利和阿根廷就是最典型的例子。

3. 鼓励企业内部培训,允许企业参与制定职业培训政策、课程设置和教师培训,把公共资金直接拨给从事培训的企业,而不是资助受训人,同时对从事培训的企业实行税收减免等优惠政策,以提高职业培训效率和质量。如1976年智利制定了《职业培训和就业法》,推行市场导向的培训制度,取消对国家职业培训局的公共资助。私有化后,国家职业培训局向企业和政府资助的培训项目出售培训服务,国家的公共资助则直接给予从事培训的一万多家企业。② 哥伦比亚国家学徒培训服务局则对企业的职业培训计划直接提供拨款;企业获得拨款后再将培训外包给公共培训机构或专门的培训机构。委内瑞拉的某些部门允许企业家直接培训员工,以减少企业家必须向国家教育合作局缴纳的用于培

---

① David N. Wilson, Reform of Vocational and Technical Education in Latin America, December 1996. http://www. The dialogue. org/PublicationFiles/PREAL% 202 - English. pdf.

② UNESCO, "Financing Technical and Vocational Education: Modalities and Experiences", International Project on Technical and Vocational Education, 1996.

训的款项和培训成本。

4. 制定终身学习和培训政策，促进培训的私人化发展。联合国教科文组织曾向拉美国家提出政策建议："为了让所有学生更加具有可雇佣性，必须使他们拥有普遍的技能，不断地继续受到培训，这是一个固定的目标。"① 当然，所谓的终身培训，并不是指生物意义上的终身，而是指经济意义上的，即雇员有生产能力的那段时间。墨西哥 1990 年制定的"国家生产力协议"和 1992 年制定的"国家提高生产力和质量协议"都涉及有关终身培训政策问题。2002 年 6 月由智利经济部、教育部、劳工和社会保障部共同出台的"智利资格培训计划"（Chile Califica）是拉美地区第一个有关终身学习的政府倡议，这一计划中有 50% 的资金来自世界银行的资助。1994 年，阿根廷政府与社会伙伴签署的"就业、生产率和社会平等框架协议"，以及 1997 年政府与劳工联合会签署的"共存报告"等，也都扶持终身学习和继续职业培训。

总而言之，拉美职业培训注重培训资金的多元化；培训内容由以前主要集中于中等职业技术培训转为强调高等教育和高等技能的培训；培训模式逐渐具有培训和技术开发的双重功能；培训越来越与就业挂钩；强调培训的多种模式，使拉美的职业培训体现出更加不确定性、多样性、碎片化、脆弱性等特征。

七　成人教育

拉美成人教育有悠久的历史，早在殖民地时期，就有一些传

---

①　Simon McGrath and Kenneth King, "Education and Training for the Informal Sector", Education Research Paper, No. 111994, p. 332. http：//www. dfid. gov. uk/pubs/files/ Edtraininfedpaper. pdf.

教士在这方面做了初步的努力。独立后，特别是到 19 世纪下半叶，由于制造业在拉美某些国家兴起，拉美一些新兴企业家开始兴办技术学校，培养自己所需要的熟练劳动力。20 世纪初，拉美各国的民族工业开始发展，社会经济结构发生变化，在这种情况下，拉美社会对成人扫盲教育和成人初等教育的要求日益迫切，从而出现了成人扫盲教育。重视成人扫盲教育是拉美国家为提高成人生活与职业技能而高度重视的政策领域。古巴创立了将广播和录像作为全民扫盲教学的快速高效普及的方法。这种方法成本低、效率高，平均每个学习者花费 33 美元，成功率达到 90%，被拉美很多国家普遍应用。

20 世纪 70 年代以后，拉美成人教育已发展成独立的教育系统，包括扫盲教育、成人基础教育、成人职业技术教育和成人高等教育四大部分。拉美许多国家都制定了有关成人教育的法律，从立法上保证成人教育的发展。各国政府大都设立了专门的成人教育机构，使成人教育制度化。多数国家都增拨经费，加大对成人教育的投入。使用现代化教学手段，实行开放教育，鼓励办学主体多元化。用广播、电视、函授等开放性教育手段进行成人教育在拉美被证明是行之有效的。拉美各国除由政府出资兴办成人教育外，非政府部门和组织，特别是企业界，都参与兴办成人教育，对拉美成人教育的发展做出了贡献。

八　社区教育

社区教育直接为社区的发展和建设服务，特别是为发展农村地区文化服务。社区教育分成两类，一类是公立学校，另一类是私立学校。公立学校社区教育的分工模式，一是主要由中心学校

负责，如哥伦比亚；二是由教育共同体负责，如秘鲁；三是由
"文化中心"负责，如厄瓜多尔；四是由国家教育部门负责，如
墨西哥；五是社区学校负责，如巴西。私立学校中阿根廷的"家
庭农业学校"最为典型。

面对新的世界性经济竞争和科学技术竞争，许多国家都深刻
地认识到，提高教育质量是教育改革的重要内容。为了提高教育
质量，拉美各国大体上都采取了以下改革措施：改革课程，修订
教学内容；改革教学方法，调动学生学习的积极性；提高师资队
伍的水平。

第三节　存在的问题及面临的挑战

20世纪90年代，为进行改革，拉美各国开始积极调动各方
面资源。改革实质上是国家内部官僚化变革的过程，即对公共管
理中的若干方面做出调整，如资源配置、国家合理性与监管性，
以及国家规范等，而国家改革的主要目标是重新定义公共与私人
领域的界限，以及国家对社会生活的干预方式。21世纪初，十个
拉美国家为改革本国教育体系率先通过了相关的教育法案，拉美
第二轮教育改革正式开始。其中，一部分国家取消了早前的改革
方案，其他国家则对第一轮改革方案做了部分修改。然而，根据
拉美地区教育领域的普遍特征和不平等性，新的教育法案面临着
强有力的挑战。尽管过去几十年中教育覆盖率不断上升，几乎所
有的儿童（90%）都有机会进入小学，接受中等教育的人数也大
大增加，然而，拉美地区的教育仍然面临着诸多问题与挑战。

第一，拉美地区 13—17 岁的青少年中，入学率只有 80%；其中有 66% 是中学生，剩下的 14% 仍然在念小学。此外，拉美各国之间存在着差异，特别是在中等教育方面。截至 2015 年，阿根廷和智利的初中入学率均超过了 85%，厄瓜多尔、巴西、委内瑞拉、乌拉圭等国家也都达到了 75% 以上，但危地马拉和洪都拉斯在这方面的比例还不到 60%。

第二，拉美地区 4—17 岁的未成年人中，有 2300 多万没有接受过正规的学校教育。其中，有 30% 的学龄前儿童（4—5 岁）没有上过幼儿园，而他们大部分都来自弱势群体（穷人、农民、土著，以及非洲后裔）。尽管适龄儿童（6—12 岁）入学率已明显提高，但初等教育体系仍然需要收纳至少 500 万名儿童。这些孩子大都生活在偏远地区，往往是当地土著或非洲后裔且生活极端贫困。目前，超过一半的低收入家庭或居住在农村的儿童未能完成九年学校教育。

第三，拉美国家在毕业率方面也存在着显著差异，特别是中等教育阶段。尽管拉美地区平均 55% 的青少年完成了中学第一阶段的学习，但危地马拉和尼加拉瓜等国家的比例只有 30%，而智利这一比例达到了 80%。

第四，拉美各国在 15 岁及以上人口的文盲率方面差距也十分明显。危地马拉和洪都拉斯的文盲率为 23% 和 15%。该数据在多米尼克共和国和巴西分别是近 10% 和 9%，其他国家（如阿根廷和乌拉圭）在这一年龄阶段的文盲率则几乎为 0。

第五，与其他程度的教育水平相比，拉美地区高等教育的覆盖率是最低的。18—25 岁之间的人群中，70% 没有接受过高等教育。各国之间也存在显著差异：阿根廷 25 岁以上接受过高等教育的人数比例将近20%；巴西、玻利维亚、厄瓜多尔以及多米尼克共和国约为10%，而其他国家（如洪都拉斯和巴拉圭）的比例仅为3%。

第六，据联合国教科文组织2015年的数据，拉美约有15%的儿童会延后一年或更长时间进入小学，约10%的学生会在一年级和二年级留级，5%的学生会在三年级和四年级留级，只有30%的学生会如期进入中学。中学阶段，每个年级都会有8%左右的学生留级。延迟入学和不断留级所带来的直接影响就是学生不能在规定年限内毕业。

当代拉美教育改革的焦点集中在义务教育的延伸方面，但义务教育扩张的背后却存在着不同的原因。第一是社会原因，为了使青少年顺利进入劳动力市场，让其在学校系统内部接受学习是十分必要的。第二个原因与受教育权有关，即对大部分人群而言，义务教育的扩张主要包括教育水平的提升，以及对知识的获取。第三则与当今社会对基本技能的需求有关。当今社会，基本技能被社会发展所需要，特别是具有较高水平的科学和新技术。因此，上述三点都会导致义务教育年限的延长，使中等教育逐渐成为义务教育。然而，延长义务教育（到中学阶段）会对本来就处于弱势的拉美国家产生新的要求，特别是对那些不发达国家而言。每个国家都有其自身的特点，而这些特点会给区域教育政策的实施带来困难。因此，这就需要在政治和教育领域用创造性的策略来改变拉美国家的学校教育。

第 三 章

中拉教育合作与交流概况

中国是拥有五千年悠久历史和灿烂文化的文明古国，拉丁美洲是玛雅、阿兹别克和印加三大美洲文明的发祥地。中国与拉美两个大陆虽然相距万里，但自 16 世纪便开始贸易往来，人员交往，从此拉开了亚洲文化与美洲文化相遇、相识、相知的序幕。尤其近几年来，随着中拉政治经济关系步入"快车道"，双方的教育合作与交流也不断深入，中拉教育合作正迎来一个新的春天。本章主要对拉丁美洲教育的国际化发展进行介绍，并对中拉教育合作与交流概况进行梳理。

第一节　拉丁美洲教育国际化发展

拉丁美洲地区高校国际化发展潮流起步于 20 世纪末，各国政府及高校纷纷围绕教师流动、学生流动、课程国际化和技术援助与国际合作四大关键领域，积极实施各种国际化政策，不断努力将国际化的、跨文化的、全球的维度整合到高等教育的教学、研究和服务等诸功能中去，高等教育国际化水平显著提升。

联合国教科文组织、国际大学协会等国际组织及美、日、欧等国家和地区，都积极推动拉美高校国际化发展。以美洲高等教育评估与认证网络、拉美学术培训项目、拉美大学联盟等为基础，拉美高校不断加强合作与交流，积极推动教学内容国际化，大力开展跨国联合学术项目和教育质量国际认证。拉美高校的教师和学生跨国流动规模持续增长，国际技术援助与合作计划项目迅速增加。[①] 2015 年，拉美地区输出留学生 23 万人[②]，比 1995 年翻了一倍；接受国际留学生 8 万人，其中有 4 万人来自美国。美国和西欧成为拉美高校教师培训的重要基地，2015 年仅美国就接受各类拉美学者 12064 人，比上年增长 5.4%[③]，是近几年来最低的增长率。

一　教师流动

教师流动性是检测一国高等教育国际化的重要标准。奥本海默（Oppen hELmer）将教师素质视为教育质量的首要保证：“几乎所有的国际教育发展研究都得出相同的结论：提高教育质量的关键不是改变教学计划，也不是无差别地提高教师待遇，甚至也不是降低学生与教师的人数比例，而在于提高教师的质量。”[④] 拉美国家的教师流动性并不强，但随着国际高校间、高校与国际组织间关系的加强，教师流动性在将来有可能得到改善。

在阿根廷，大学教师一般前往欧洲学习、交流，拉美内部的

---

① Hans de Wit, et al, 2005, Higher Education in Latin America: The International Dimension, http://www.world-bank.org.

② http://stats.uis.unesco.org/unesco/TableViewer/tableView.aspx? ReportId = 3968.

③ http://www.iie.org/Research-and-Publicationa/OpenDoors/Data/International-Scholars.

④ ［荷］汉斯·德维特等主编：《拉丁美洲的高等教育：国际化的维度》，李锋亮等译，教育科学出版社 2011 年版，第 82—83 页。

流动比较少见。为了鼓励教师出国学习和交流，阿根廷启动了"横向合作开发"项目（Desarrollo de la Cooperacibn Horizontal），旨在吸引外国学生融入本国的学术项目，同时也为阿根廷教师提供出国学习的机会。① 大部分阿根廷大学对教师的流动都给予了一定程度的支持，但不同学校的支持力度不同，如布宜诺斯艾利斯大学和拉普拉塔国立大学，有超过100名教师参与了流动计划，而其他大学则没有教师流动支持体系。②

智利的大学教师流动性总体来说不强。具有国际经历的学者，包括在国外学习、工作，在国际期刊上发表文章，参加国际会议，隶属于某个国际网络等，不足40%。在墨西哥，50%的公立机构教师和11%的私立机构教师认为，国际化对机构来说不是非常重要。在他们看来，国际化进程在墨西哥严重滞后，100%的公立机构和72%的私立机构认为主要的障碍是缺少促进这个进程的国家政策。总的来说，拉美高校教师的国际流动还有很大提升空间。

二　学生流动

根据经合组织（DECD）的数据，在21世纪初，拉美地区的学生流动率只有4%，相较于亚洲的45%、欧洲的30%、非洲的11%和北美的6%，在全球范围处于垫底水平。③ 拉美的公立大学

---

① Juan Carlos Pugliese, Politicas de Estado para la Universidad Argentina-Balance de una Gestion en el Nuevo Contexto Nacional a International, Ministerio de Educacion, Cienciay Tecnologia Secretaria de Politicas Universitarias, Buenos Aires, 2003, pp. 235 – 236.

② ［荷］汉斯·德维特等主编：《拉丁美洲的高等教育：国际化的维度》，李锋亮等译，教育科学出版社2011年版，第82—83页。

③ Organization for Economic Cooperation and DevElopment, Education at a Glance Indicators, Author, 2004.

并不注重学生流动，对多边组织的大学网络和大学组织的外部项目的参与很有限。如超过 80% 的阿根廷公立大学所参与的学生流动项目的学历都得不到承认。①

1. 学生交流项目类型多样

现在，学生交流项目的价值和重要性逐渐被认可，项目的种类也逐渐增多，如南美中西部次区域一体化大学校长委员会（CRISCO）学生流动项目、蒙得维的亚大学集团协会的共同学术空间（ESCALA）项目、伊比利亚—美洲国家教科文组织的学术交流项目、拉美大学联盟的高校学生流动项目等。

2. 建立完善学分转移制度

鼓励学生自由流动的重要条件之一是建立一套较为完善的学分转移制度。在这方面，阿根廷由政府官员牵头，在 2003 年提出"流动性计划"（Programa de Movilidad）。该计划的提出旨在通过建立学分转移制度优化现有教育体系，促进学术发展。该制度规定：（1）阿根廷各大学组织和召开的一个关于学分体系的政府官员能力培训研讨会，会上听取两名欧盟顾问和一名来自法国普瓦捷大学的代表发表演讲；（2）派遣三名政府官员参观西班牙教育部，目的是考察以伊拉斯谟计划②为核心的学分转移制度的发展程度。

---

① hELler J. RElevamiento de Actividades、Cooperación Intemacional de las Universidades Privadas Argentinas. Documento detrabajo，Universidad National dEl Litoral，Argentina，2003.

② 伊拉斯谟计划，又称伊拉斯谟世界项目（Erasmus Mundus Progamme），是欧盟发起的一项高等教育交流计划，该项目旨在加强欧洲高等教育质量，通过与第三国的合作，促进人与文化的对话与理解。它还致力于加强欧盟和第三国的流动，以推动这些国家的高等教育机构人力资源和国际合作能力的发展。

3. 创建"业务单位"吸引外国学生

在智利，外国学生代表着重要的收入来源。为了增加对外国学生的吸引力，不少大学都创建了"业务单位"（business unit）来回应留学生不断提升的要求。这种业务单位将高质量和多类型的教育项目与智利良好的气候、多样的地理环境整合在一起，成为该国独具特色的招收外国学生的政策计划。此外，许多高等教育机构还设立了主管国际事务的办公室，商讨并签订谅解备忘录（Memorandum de Entendimiento）来促进学生和学者参与国际学术交流与研究。① 智利发展大学、安德烈斯·贝洛大学、哥斯达黎加大学和巴西圣保罗 ABC 联邦大学都设有国际合作部，专门负责制定大学国际发展战略，设计并实施各种国际合作与交流项目。智利发展大学始终坚持把国际化作为提升学校竞争力的重要举措，同 35 个国家 146 所高校和相关国际组织建立了良好的合作关系，吸引了世界各国学生前来求学，面向学生和教师实施了 100 多个国际合作与交流项目，还积极参与高等教育质量国际认证体系，并取得了显著效果。安德烈斯·贝洛大学、哥斯达黎加大学和巴西圣保罗 ABC 联邦大学都非常重视提升大学国际化水平，各校国际合作伙伴都涉及数十个国家上百所高校。

4. 拨款资助本国学生留学海外

在持续升温的留学市场吸引下，拉美国家拨款资助本国学生留学海外。智利、哥伦比亚等西语国家也在华大力推广本国的留学资源。由驻华使馆参赞或大使牵头，推荐各自以西班牙语为主的短期留学项目。

---

① OCDE, La Educacfon Superior en Chile, Organisation de Coopération et de Développement Economiques, 2009, p. 157.

哥伦比亚在 2006 年启动了"到哥伦比亚学西班牙语"项目，每年提供 20 个奖学金名额。这一奖学金项目包含了往返机票的费用、健康保险、签证费用和每月基本生活费，足够留学生支付房租、饮食和日常交通。留学生只需自行支付外国人居留证相关费用及其他私人消费。目前已经有 141 名学生参与了这一项目。

智利推出"Learn Chile"——面向中国、欧洲、美国及巴西等国家学生的留学计划，有短期课程和交换生项目，以西班牙语和拉美文化课程为主，由 21 所高等教育机构组成，由智利对外投资贸易促进局（ProChile）全力支持。智利准备在 2018 年向 3 万名学生提供留学奖学金。

2011 年，巴西政府推出了一项名为"科学无国界"的计划，向 7.5 万名巴西学生提供全额奖学金，赴海外顶尖大学。其中 4 万个奖学金名额由联邦研究生教育支持和评估机构提供，另外 3.5 万个奖学金名额将通过国家科技发展委员会提供。学生要获得这项奖学金，专业必须是关系巴西国计民生的重要学科，比如工程学等。这项奖学金计划表明巴西政府正在努力组建一支科学技术精英队伍。除了政府资助的留学项目以外，巴西私营经济部门也将为 2.5 万名学生提供奖学金，赴海外留学。

厄瓜多尔政府启动了迄今为止该国最大的一个奖学金项目，计划输送超过 1000 名学生出国留学。

巴拉圭和秘鲁两国政府新近也出台了资助学生留学的项目。甚至是拉美小国萨尔瓦多也已经有了自己的学生留学海外计划。

拉美高校的国际化发展不仅体现在学生来源、课程设置、教学内容等方面，而且也反映在师资力量方面。拉美大部分学校都有大量教师曾经在北美地区和欧洲地区的高水平大学留学，或具备丰富的海外工作学习经历，而且几乎所有高校都还在持续地送本校教师到国内外名牌大学进修学习。比如，智利发展大学通过教师"未来使节"培养项目，不断把该校教师送往国外参观考察，学习和了解世界各国相关领域的科研进展。拉美地区高校普遍同其他各大洲同事之间建立了紧密的合作关系，大大促进了教育国际网络的发展，从而推动了拉美地区高等教育的国际化发展。

三　课程国际化

在 20 世纪末，"课程国际化"在拉美鲜有提及，教育国际化几乎等同于学生和教师的国际化流动。很少有专门以国际化课堂为目标的教育法改革。[①] 但是近年来，不少拉美国家，特别是拉美大国纷纷将课程国际化提上议事日程。

阿根廷大部分公立大学在课程设计中既不包含国际课程，也没有一段时间海外学习的课程，未设置明确指出要面向国际市场的本科学生课程。但最近几年，由于强烈的市场需求，公立和私立大学都纷纷创立了大量面向国际市场培养专业人员的 MBA 课程。

20 世纪 90 年代以来，超过 80% 的智利大学对其课程进行了调整，开发了适应新时代需要的新网络与课程大纲。新课程大纲体现了较为明显的国际化特点，包括与世界正在发生的事件相关的知识、国际关系、国家政治地理、国际比较教育、双语教育、

---

① T. GacEl, vila, La Intemacionalizacibn de la Educación Superior. Paradigma para la Ciudadanta Global, Allxico: Universidadde Guadalajara. 2003 , p. 149.

新信息技术素养、出国留学等。[①]智利发展大学非常强调"国际化即日常生活"的教育宗旨，积极培养学生使用第二语言的能力，并为学生创造更好的语言学习环境和更多的国外语言学习机会，还开设了许多国际化教学培训计划，成功实施了未来使节培养项目、未来创新者培养项目、中国文化与商业研究项目等，大力支持学生参与美国柏森商学院（年度）创业研讨会，积极开拓学生到国外及跨国企业的实习机会，不断激发学生高度认识当今世界经济社会全球化发展的现实状况，帮助学生积极参与国际化进程，使学生逐步形成思考问题的国际化视野。安德烈斯·贝洛大学也在拉美中国研究中心开设了有关中国问题研究的课程教学内容，并积极鼓励学生参与这些相关教学研究项目。

墨西哥将外语学习置于课程国际化的首要地位，在 77% 的大学中，学习外语是强制性的，有 2/3 的公立机构和 86% 的私立机构要求学生把获得一门外语的学分作为毕业的必要条件。除此之外，很少有机构宣称将跨国跨文化的维度整合进教育项目的课程改进与创新。在国家教育政策的管辖下，机构没有提出设计开发旨在培养学生作为世界公民的全球意识的新项目。[②]

四　技术援助与国际合作

开展国际合作是体现全球化对高等教育影响的重要参考标准。截止到 2016 年的统计数据表明，当今在拉美活跃着超过 50 个大学合作组织。在这些组织中，已成立 10—30 年的占 62.7%，

---

① ［荷］汉斯·德维特等主编：《拉丁美洲的高等教育：国际化的维度》，李锋亮等译，教育科学出版社 2011 年版，第 82—83 页。

② locElyne GacEl, vila, La Dimensibn Intemacional de laa Universidades Mexicanas: Un Diagnbstico Cuantitativo y Cualitativo. Educación Global, mue 2002, pp. 121 – 125.

成立不到 10 年的占 10%。与这些组织关系最为密切的拉美国家依次为巴西、哥伦比亚、厄瓜多尔、秘鲁、阿根廷、智利和墨西哥。[①]

阿根廷在合作项目中既是受援国也是援助国。作为受援国，阿根廷与日本、德国、意大利、西班牙签订了合作协议。与日本合作署签订了日本—阿根廷合作伙伴项目（Partnership Program for Joint Cooperation between Japan and Argentina），利用日本国际合作署在开发合作中的丰富经验帮助阿根廷更好地开展南南合作；与德国学术交流服务中心（Germany Academic Exchange Service）签订协议，支助阿根廷教师到德国大学学习交流。作为援助国，阿根廷国际关系、国际贸易和宗教事务部共同创立了横向合作基金（Argentina Fund for Horizontal Cooperation），派遣专家出国。从它创建之日起，该合作基金已经派遣了 3000 名专家出国，参与到 1900 个项目中。[②] 在智利高等教育的国际化进程中，国际协议的签署起到了巨大的推动作用。参与调查的 25 所传统大学与 61 个不同国家签署了 1729 项协议，其中与欧洲的合作最多，占 41.4%；其次是南美洲，占 27.3%；接下来是北美洲，占 15%；与中美洲、加勒比海地区的协议占 12.2%。[③] 墨西哥的国际合作突出地体现为针对北方邻居美国和加拿大的合作。早在 1993 年，三国就创建了北美远程教育与研究网络（North American Distance

---

① DaniEl A. Lopez, DaniEl C. Lopez, Lorenzo I. Andrade, and Boris A. Lopez, Functional Patterns in International Organizationsor I Jniversitp Cooperation in Latin America, pp. 203 – 215.

② ［荷］汉斯·德维特等主编：《拉丁美洲的高等教育：国际化的维度》，李锋亮等译，教育科学出版社 2011 年版，第 82—83 页。

③ Ramtrez Sanchez, Carlos. et al. Higher Education. Directorate Survey of Chilean Tertiary Institutions and thELr Stakeholders on the International Dimension of of Links and International Cooperation, University of Valparaiso, 2004.

Educationand Research Network），推动学位互认和专业认证的三边机制、学术和管理人员之间和合作项目、电子项目，以及促进北美研究、促进学生研究和专业训练的三边项目。这些项目从宣布之日至今，已经获得不同程度的发展。拉美国家参与国际合作的主要方式是签订多边协议、参与国际组织、接受援助等，不同国家体现出合作对象国的不同地域偏好。

拉美地区很多高校都重视发展同联合国拉丁美洲及加勒比经济委员会、世界银行、国际开发研究中心、欧洲委员会等国际组织，以及美、日、法、加等国家国际开发署之间的合作关系，并在促进大学发展方面积极寻求这些国际机构和外国政府的支持与帮助。智利发展大学在德国学术交流服务中心及德国医学会的支持和帮助下，共同建设德国医院和医学院，并已取得了相当卓越的发展成就。在智利国家认证委员会及相关国际教育认证评价中，智力发展大学医学学术水平已名列智利第二位，该校医学专业毕业生的医生执业资格考试过关率也连续多年在全国名列前茅，其教师和学生的学术研究能力在拉丁美洲地区也都获得了比较广泛的认可。

第二节　中拉教育合作与交流现状

中国与拉美国家真正意义上的外交关系伊始于 1961 年 9 月中国与古巴的建交，迄今已走过 54 年的风雨历程。近年来，中国与拉美国家通过教育高层互访、签署教育合作与交流协议、校际学生联合培养、教师交流、访问学者派遣、合作办学、共同举办国际学术会议、共建孔子学院等，发展双边和多边的教育合作与交流，在教育领域的交流日益频繁。

2014 年 7 月，习近平总书记应邀对拉美四国进行国事访问，宣布中国政府将在未来五年向拉美国家累计提供 6000 个中国政府奖学金的名额，为中拉合作提供了新的动力。

一　双方高层交流日益频繁

2015 年 5 月，李克强总理访问拉美四国，推进中拉合作伙伴关系的深入发展。2015 年中国与拉美和加勒比国家共同体论坛首届部长级会议在北京召开，制定了中国与拉美和加勒比国家合作的规划，明确要促进教育领域的交流以及教育部门和教育机构的合作，促进汉语、英语、西班牙语、葡萄牙语等语言人才的培养。

教育是双边关系的重要组成部分。目前我国的教育部与秘鲁、巴巴多斯、厄瓜多尔、多米尼加、哥伦比亚、古巴、委内瑞拉、乌拉圭、牙买加和智利等十国签署了教育领域的合作协议，与秘鲁、古巴和墨西哥签署了学历学位互认协议。

二　留学生交流日益扩大

近年来，中国和拉美国家相互之间留学生交流越来越频繁。中国迄今已向 31 个拉美国家提供政府奖学金名额，共有约 3200 名拉美国家留学生接受中国政府奖学金来华学习，其中 1000 多名留学生正在中国学习。也有越来越多的中国学生和拉美学生开始选择自费赴拉和来华留学。双方的交流还处在起步阶段，双方留学生的交流和增长的空间还很大。

2014 年，拉美国家在华奖学金的总数是 1634 人。2015 年 7
月，在出国留学方面，我国在拉美地区的留学人员有 700 多人，
其中多数为公派留学人员。墨西哥、哥伦比亚、秘鲁、委内瑞
拉、阿根廷等国向我国政府提供奖学金资助出国留学。

在未来 5 年内，中国将向拉美和加勒比国家提供 6000 个政府
奖学金名额，6000 个赴华培训名额及 400 个在职硕士名额。拉美
国家也有派更多留学生来华的计划。比如巴西从 2013 年开始，在
未来三四年之内，向中国派遣 5000 个留学生。随着中拉关系的快
速发展，双方教育交流合作将会持续扩大。

三　中拉人文交流日益密切

中国已与拉美和加勒比地区的 21 个国家建立外交关系。中国
已与巴西、委内瑞拉、墨西哥、阿根廷、智利、秘鲁等六国建立
战略伙伴关系。中国已同约 20 个拉美国家签订了数十项文化交流
合作协定或文化、教育和科技交流和合作协定。近年来，中拉文
化交流日益频繁和密切，合作层次不断提升，中拉文化联系、交
往已呈现渠道多、形式新的特点。在人文交流领域，中拉治国理
政经验、发展道路等文明对话不断加深，在文化、教育、卫生、
体育、旅游等领域合作以及地方政府、民间团体、新闻媒体、学
术机构交往进一步扩大。

从 2006 年拉美第一所孔子学院在墨西哥挂牌成立起，孔子学
院和孔子课堂便在拉美这片沃土上如"雨后春笋"般迅速发展，
至今，开设了 39 所孔子学院和 11 个孔子课堂，学员超过 5 万人。
此外，中国还在智利成立了孔子学院拉美研究中心，与墨西哥互
设文化中心。

2014 年 7 月习近平主席访问巴西期间，与拉丁美洲和加勒比国家领导人共同宣布"中国—拉共体论坛"正式成立，并提出了举办 2016 "中拉文化交流年"的倡议。

2015 年 1 月，"中国—拉共体论坛"首次部长级会议在北京召开，习主席与拉美及加勒比地区四国首脑共同出席会议。会上，习主席强调了中拉全面合作伙伴关系的重要性，欢迎拉美各国积极参与、共同举办"中拉文化交流年"。

2016 年，中拉举办史上最大规模"文化交流年"。全年在中国与拉丁美洲和加勒比地区举办。活动涉及墨西哥、阿根廷、巴西、古巴、智利、哥斯达黎加、哥伦比亚、秘鲁、厄瓜多尔、特多和巴拿马等近 30 个拉美国家。这成为 1949 年以来，中国同拉美地区共同举办的最大规模的年度文化盛事。2016 "中拉文化交流年"是中国政府第一次在拉美地区举办的覆盖范围广、持续时间长、层次水平高的多边文化交流活动，把"请进来"和"走出去"作为两大主线，覆盖近 30 个拉美和加勒比国家，涉及数百个项目，参与者包括几千余名艺术家、媒体记者、机构代表和青少年学生。交流年在艺术、文学、文物、电影、图书、传媒、旅游等领域开展广泛交流，举办包括演出、展览、论坛、电影展映、图书节、文明对话、经典互译、人文交流、旅游推介在内的多方面活动，场所涵盖剧院、博物馆、艺术机构、大学等。

拉丁美洲是一个充满生机和希望的大陆，正处在一个发展的黄金时期。正如中国国家主席习近平 2013 年 6 月 5 日在墨西哥参议院发表演说中所说的："拉美发展得越好，对世界就越好，对中国也越好"。"当前，中拉关系正处于快速发展的重要机遇期。

我们应该登高望远、与时俱进，巩固传统友谊，加强全方位交往，提高合作水平，推动中拉平等互利、共同发展的全面合作伙伴关系实现新的更大发展。"①

---

① 《人民日报》2013 年 6 月 6 日。

第 四 章

中拉留学人员交流回顾

根据《2016 年来华留学生简明统计》，共有来自 205 个国家和地区的 442773 名各类外国留学人员在 31 个省、自治区、直辖市的 829 所高等学校、科研院所和其他教学机构中学习，比 2015 年增加 45138 人，增幅为 11.35%。[①] 我国主要通过 3 个途径向拉美地区派遣留学人员：

1. 通过和国外主管部门签署的教育交流协议进行人员的选派。签了较多协议，但真正得到执行的只有四个，总人数为 66 人，派遣的人员主要是西班牙语专业的本科生，一般去交流学医一学期或者一学年。其中墨西哥 40 人，哥伦比亚 20 人，委内瑞拉、智利、阿根廷、秘鲁共 6 人。

2. 留学基金委单独和对方签署协议选派人员。例如和墨西哥玉米小麦研究所签署协议每年派遣研究员。

3. 通过现有大项目资助教学科研人员。这类项目的派出数量屈指可数。

---

① 教育部《2016 年来华留学生简明统计》，2016 - 04 - 14，http：//www.moe.edu.cn/jyb_ xwfb/gzdt_ gzdt/s5987/201604/t20160414_ 238263. html。

　　虽然我们主动性强，企业也有去拉美拓展业务的原因，但是缺乏人才。

　　20多年来，从国家到地方，从高等院校到科研院所，我国已逐步建立起一整套与国家、社会和个人发展相适应的出国留学管理和运行机制，国家公派、单位公派、自费留学三条渠道优势互补、相得益彰。本章主要选取了12个拉美主要国家与中国的留学人员交流进行回顾。

第一节　中国政府支持政策

　　为增进中国人民与世界各国人民的相互了解和友谊，发展中国与世界各国在各领域的交流与合作，中国政府设立奖学金，资助世界各国优秀学生、教师、学者到中国的大学学习或开展研究。中国教育部委托国家留学基金管理委员会（以下简称国家留学基金委）负责中国政府奖学金生的招生录取和管理等工作。目前有279所中国大学承担中国政府奖学金生的培养任务。学科门类覆盖理学、工学、农学、医学、经济学、法学、管理学、教育学、历史学、文学、哲学、艺术学等。

一　政府奖学金项目

（一）国别双边项目

　　根据中国与有关国家政府、机构、学校以及国际组织等签订的教育合作与交流协议或达成的共识提供的全额奖学金或部分奖学金。此项目可招收本科生、硕士研究生、博士研究生、普通进修生和高级进修生。

申请人向所在国留学生派遣部门提出申请。

（二）中国高校自主招生项目

向中国部分省、自治区的省级教育行政部门和部分中国高校提供的全额奖学金，用于部分中国高校直接遴选和招收优秀的外国青年学生来华学习。此项目仅招收硕士研究生和博士研究生。

申请人向承担此项目的中国高校提出申请。

（三）长城奖学金项目

向联合国教科文组织提供的全额奖学金，用于支持发展中国家学生、学者来华学习和研究。此项目仅招收普通进修生和高级进修生。

申请人向所在国联合国教科文全国委员会提出申请。

（四）世界气象组织项目

向世界气象组织提供的部分奖学金（提供学费、住宿费和综合医疗保险），旨在鼓励有志于气象学科方面研究的世界各国学生来华学习和开展研究。此项目可招收本科生、硕士研究生和博士研究生。

二　资助类别、期限、授课语言、院校和专业

资助类别：本科、硕士和博士学位教育及汉语或专业进修。

资助期限：包括专业学习和汉语补习（预科）的时间。详见表2：

表 2　　　　　　　　　　　　　　　**资助信息表**

资助类别	专业学习期限	汉语补习（预科）期限	奖学金资助期限
本科生	4—5 学年	1—2 学年	4—7 学年
硕士研究生	2—3 学年	1—2 学年	2—5 学年
博士研究生	3—4 学年	1—2 学年	3—6 学年
普通进修生	1 学年以内	1 学年以内	2 学年以内
高级进修生	1 学年以内	1 学年以内	2 学年以内

（一）授课语言

1. 中国政府奖学金来华留学本科生的授课语言为汉语。中国政府奖学金生开始本科专业学习前，须在指定的预科院校进行为期 1 学年的汉语和基础知识学习并考核合格。

语言能力和基础知识水平达到以下规定之一者，可申请免修预科教育：以汉语作为学习语言完成中等教育，并附有其毕业学校出具的中等教育阶段必修课授课语言为汉语的证明；汉语水平达到录取院校本科教育入学要求，并附有汉语水平考试（以下简称 HSK）成绩报告复印件（HSK 成绩报告有效期为两年）。

目前，承担中国政府奖学金本科来华留学预科教育的院校有天津大学、南京师范大学、山东大学、华中师范大学、同济大学、北京语言大学、东北师范大学、北京第二外国语学院、首都师范大学以及对外经济贸易大学十所院校。

2. 来华留学研究生和进修生的授课语言一般为汉语，部分学校对部分专业可提供英语授课（详情请登录 http：//www. csc. edu. cn/laihua 或 http：//www. campuschina. org 查阅中国院校和专业介绍）。

选择汉语授课且汉语水平未达到专业学习要求的奖学金生，

须参加1—2学年的汉语学习，达到录取院校入学要求后方可开始专业学习，否则无法继续享受中国政府奖学金。其中：学习理学、工学、农学、医学（西医）、经济学、管理学、法学和艺术学专业者，汉语学习期限为1学年；学习文学、历史学、哲学和医学（中医、中药）专业者，汉语学习期限不超过2学年。

选择英语授课或汉语水平已达到专业学习要求的奖学金生无须参加汉语补习。

（二）院校和专业

目前有279所中国大学承担中国政府奖学金学生培养工作（详情请登录 http：//www.csc.edu.cn/laihua 或 http：//www.campuschina.org 查阅中国院校和专业介绍）。

（三）资助内容和标准

表3　　　　　　　　　　　　资助内容和标准

学生类别	学科	学费/年	住宿费/年	生活费/年	医疗保险/年	年资助总额
本科生	一类	20000	8400	30000	800	59200
	二类	23000	8400	30000	800	62200
	三类	27000	8400	30000	800	66200
硕士研究生 普通进修生	一类	25000	8400	36000	800	70200
	二类	29000	8400	36000	800	74200
	三类	34000	8400	36000	800	79200
博士研究生 高级进修生	一类	33000	12000	42000	800	87800
	二类	38000	12000	42000	800	92800
	三类	45000	12000	42000	800	99800

注：一类包括哲学、经济学、法学、教育学、文学（除文艺类外）、历史学、管理学；二类包括理学、工学、农学；三类包括文学（文艺类）、医学。

1. 全额奖学金

● 学费：包括奖学金生培养、管理以及组织或支持奖学金生开展文体、参观、联欢等活动的费用。学费由学校统筹使用。

● 住宿费：即为中国政府奖学金生提供免费宿舍或发放住宿费补贴的费用。住宿费由学校统筹使用。按学校规定在校内住宿的，由学校提供免费宿舍，一般为双人间；经学校批准，选择校外住宿的，可按月或季度获得学校发放的住宿费。标准为：

本科生和预科生、硕士研究生和普通进修生：700 元人民币/月

博士研究生和高级进修生：1000 元人民币/月

● 生活费：标准为：

本科生：2500 元人民币/月

硕士研究生和普通进修生：3000 元人民币/月

博士研究生和高级进修生：3500 元人民币/月

生活费由学校按月发放。奖学金生当月 15 日（含 15 日）之前到校注册的，发给全月生活费；15 日以后注册的，发给半个月生活费；毕业生的生活费发至学校确定的毕业之日以后的半个月；奖学金生在学期间（正常假期除外）因个人原因离华时间超过 15 天的，其离华期间生活费停发。

● 综合医疗保险（保险内容及理赔程序请登录 http：//www. csc. edu. cn/laihua 或 http：//www. campuschina. org 查阅《来华留学生综合医疗保险简介及理赔指南》）。

2. 部分奖学金

为全额奖学金中的一项或几项内容。

第二节　中拉留学生交流概况

中国和拉美距离远，但教育是双边关系的重要组成部分。中拉互派留学生既是促进双方增进了解的重要渠道，也是不断发展双边政治和经贸关系的重要需求。随着我国对外开放的不断深入，中拉关系发展进入了快车道。2014 年 7 月，习近平总书记应邀对拉美四国进行国事访问，为中拉合作提供了新的动力。2015 年 5 月，李克强总理访问拉美四国，推进中拉合作伙伴关系的深入发展。2015 年，中国与拉美和加勒比国家共同体论坛首届部长级会议在北京召开，制定了中国与拉美和加勒比国家合作的规划，明确要促进教育领域的交流以及教育部门和教育机构的合作，促进汉语、英语、西班牙语、葡萄牙语等语言人才的培养，中拉人员交流迈入新阶段。

一　来华交流情况

近年来，中国和拉美国家相互之间留学生交流越来越频繁。拉美国家拨款资助本国学生留学海外，制订派出更多留学生来华的计划。比如巴西从 2013 年开始，在未来三四年之内，向中国派遣 5000 个留学生。中国迄今已向 30 个拉美国家提供政府奖学金名额，共有约 3200 名拉美国家留学生接受中国政府奖学金来华学习，2014 年，拉美国家在华奖学金的总数是 1634 人。

2014 年 7 月，习近平总书记访问拉美期间宣布中国政府将在未来 5 年内，向拉美和加勒比国家提供 6000 个政府奖学金名额，6000

个赴华培训名额及 400 个在职硕士名额。2016 年举行的"中拉文化交流年"为双方人民特别是青年人提供更多交流互动的机会。随着中拉关系的快速发展，双方教育交流合作将会持续扩大。

二　赴拉留学情况

在出国留学方面，2016 年年底，我国在拉美地区的留学人员有 800 多人，其中多数为公派留学人员。墨西哥、哥伦比亚、秘鲁、委内瑞拉、阿根廷等国向我国政府提供奖学金资助中国学生出国留学。在汉语推广方面，目前我国在拉美 15 个国家和地区建立了 39 所孔子学院和 11 个孔子课堂。文化活动覆盖人群超过 800 万。汉语成为一些拉美国家的第二外语。无论是青年留学生奖学金项目，还是中国的"拉美热"和拉美的"中国热"持续升温，都预示着中国和拉美将迎来双方关系发展的新起点、新平台和新机遇。

第三节　中拉教育领域合作协议

表 4　　　　　　　相互承认学位、学历和文凭的双边协议

序号	国家和地区	签署日期	协议名称
1	秘鲁	1991 年 12 月 13 日	《中华人民共和国政府与秘鲁共和国政府关于互相承认高等学校的学位和学历证书的协定》
2	古巴	2008 年 11 月 18 日	《中华人民共和国政府和古巴共和国政府关于高等教育学历、文凭、证书的互认协议》
3	墨西哥	2010 年 7 月 30 日	《中华人民共和国政府和墨西哥合众国关于为学生继续学习而相互承认学历、文凭、学位的协议》

目前我国的教育部与秘鲁、巴巴多斯、厄瓜多尔、多米尼加、哥伦比亚、古巴、委内瑞拉、乌拉圭、牙买加和智利十国签署了教育领域的合作协议，与秘鲁、古巴和墨西哥签署了学历学位互认协议。在学生交流方面，目前我国政府向拉美地区 31 个国家的留学生提供了奖学金的名额。中国与拉美地区签订了国家（地区）间相互承认学位、学历和文凭的双边协议。

第四节　中国与拉美主要国家留学人员交流回顾

一　古巴

（一）中国与古巴教育合作回顾

古巴是最早接受我国公派留学生的拉美国家，早在 20 世纪 60 年代初，古巴政府就同中国政府签订交换留学生的协议，开始接受我国公派留学生。1964—1967 年，中国在古巴的公派留学生有 100 多名。20 世纪 60 年代后期至 80 年代中期，由于两国关系由热转冷，中国在古巴留学的人员数量大大减少。20 世纪 80 年代，古巴已建成完整的教育体系，在发展中国家居于前列；基本消除文盲；高等教育历史悠久，师资力量雄厚，其医学、烟草种植、生物学、制药学、信息学、师范教育、旅游等专业在国际上均享有盛誉。中古两国有着传统友谊，无种族歧视，因此古巴逐渐成为新的留学热点国家。

20 世纪 80 年代后期，两国恢复交换留学生，中国每年向古巴派十多名留学生。

20 世纪 90 年代，由于古巴经济困难，我国派往古巴留学的学生数量进一步减少，甚至一度停止；21 世纪初，我国开始重新派公费生到古巴留学，每年约派 20 名。与此同时，古巴开始接受中国自费留学生到古巴留学，目前在古巴自费留学的中国学生已有 100 多名。2000 年年底，第一个汉语班在古巴开课。2001 年 4 月，中古签订《中古教育交流协议》《中古体育交流协议》。

2003 年，教育部留学基金委员会将 20 名公费留学生派往古巴，这批留学生分别来自北京外国语大学和北京语言学院，到古巴马坦萨斯大学学习西班牙语。其在古所需资金，如学费、食宿费、往来中国和古巴的国际交通费用、签证费及每个月的补助均由中方负责，补助以古巴可兑换比索（CUC，即古巴外汇券）的形式向学生发放。在古结束一年进修后回国继续在原学校读西班牙语专业，毕业后取得中国学历和学位。

2004 年 12 月，中古签订《教育交流协定》，在哈瓦那开设两个汉语班。

（二）古巴政府支持政策：单方奖学金项目

2006 年，中国和古巴政府间合作项目——古巴政府单方奖学金项目就已正式实施。该项目由教育部国际合作与交流司主管，国家留学基金管理委员会秘书处负责执行。该项目从 2007 年 9 月开始（也就是第三批开始）学生人数才达到 400 人，或者 400 人以上。第一批和第二批学生总和估计只有 400 人左右。可报名人员有高中毕业生、少量国内大专院校西语专业低年级学生和国内在职人员。此项目在古巴的全部费用由古方负责，包括学费、食宿、古巴国内交通、网络通信费用、每个月的补助等，国际交通费用由赴古学生自己负责，补助以古巴比索（CUC）形式向学生发放，此项目签证免费。中方则收取报名费、评审费、培训费等一系列费用，这些费用与古巴无关。

多年以来古巴单方奖学金项目的主要选派人群是参加高考的应届高中毕业生。关于留学古巴的可供申报专业方向，目前本科专业有西班牙语、旅游、教育学（心理学方向）、教育学（人文方向）、护理学和医学（医学和护理学均限高中理科生）；西班牙语专业学生及国内在职人员所学课程为进修一学年西班牙语言；西班牙语专业学制为四年，医学专业学制为六年，其他专业学制为五年，毕业后取得古巴学历和学位。

2008 年 11 月 18 日，中国与古巴签订《中华人民共和国政府和古巴共和国政府关于高等教育学历、文凭、证书的互认协议》。

2009 年，古巴政府单方奖学金项目首次纳入全国高考系统招生，录取名额为 700 人，涵盖内蒙古、河南、广西、重庆、四川、贵州、云南、陕西、甘肃、青海、宁夏、新疆 12 个省（自治区、直辖市），招收当年参加全国普通高校招生统考的高中毕业生。按照教育部的规定，该项目在各有关省（自治区、直辖市）按二本线提前批次录取。留学生在古巴学习期间的食、宿、医疗和学习相关费用由古巴政府提供，学成回国的单程国际旅费由国家留学基金提供。

另外，古巴政府单方奖学金项目也提供硕士研究生教育。根据国家留学基金管理委员会的消息，自 2015 年起，古巴政府单方奖学金项目医学与护理专业学生如获古巴或其他国家院校或单位攻读硕士学位的录取，可申请国家留学基金资助出国攻读硕士学位。留学期限为一至两年，其间可获得国家留学基金提供的奖学金生活费（含海外健康保险）、一次性往返国际旅费以及必要的学费。

除了公费项目，中国公民也可以选择自费去古巴留学。2013年，教育部公布了40个国家中共计1万多所境外正规高校名单，其中就包含古巴的11所高校。古巴的高等教育由高等教育部负责，全国共有高等教育院校67所。

为保证高等教育各阶段质量，古巴实行"大学系统认证项目"，将高校分为部属与省属两类，部属大学的学术水平普遍优于省属大学。古巴高等教育设本科与研究生两个层次。本科层次所颁发文凭分为学士、工程师、医学博士或兽医博士、建筑师。为了获得上述本科层次文凭，学生一般需攻读五年时间（医学博士需六年）。研究生层次所发文凭分为研究生、专家和科学博士三种。其中研究生文凭项目学习时长为两至三年，专家文凭项目学习时长为两至五年，科学博士文凭项目时长因各个项目而异，通常为三至五年的时间。

两国的教育合作成果显著，近年来，据中国驻古巴大使馆统计，由中古教育交流项目资助的中国留学生已有5000多人学成回国，主要就读于拉斯维亚斯中央大学、马坦萨斯大学、哈瓦那大学和卡马圭大学，学科涵盖语言、医学、经济、文学、旅游、艺术等领域。在医疗卫生领域，双方在华成立了生产单克隆抗体等药物的生物制药合资企业，古巴还在中国青海、河南和山西等省开设了眼科医院。同时，100多名古巴留学生也领取中方奖学金在华学习。

二　巴西

（一）中国与巴西教育合作回顾

巴西是拉美最发达的国家，地处亚热带，是拉美第一经济大国，物产丰富。从 1964 年起，巴西政府先后制订了六个经济计划，并采取各种方式，加强对经济的指导和管理。经济的迅速发展带来了经济结构的重大变化，巴西已由生产农业出口产品的落后农业国变为新兴的工业—农业国家。现代化工业占据主导地位，建立了比较完整的工业体系。不仅出口农产品、轻工业品，而且出口汽车、船舶、飞机。它的耐用消费品进入了欧洲、北美市场。这为中国学生到巴西留学提供了良好的基础环境。

1974 年 8 月 15 日中国与巴西建立外交关系。在 1985 年之前，虽然巴西是中国同南美洲文化交流较多的国家之一，但交流项目较为单一。1985 年 11 月，中国驻巴西大使和巴西外长代表两国政府在巴西利亚签订中巴两国文化教育合作协定。

1985 年 11 月 1 日，中国和巴西两国政府根据互相尊重主权和领土完整、互不侵犯、互不干涉内政、平等互利和和平共处的原则，本着加强两国人民之间业已存在的友谊和谅解的共同愿望，为了通过密切双方的文化教育关系而发展相互了解和两国友谊，共同签署了《中华人民共和国政府和巴西联邦共和国政府文化教育合作协定》（以下简称《协定》）。在教育方面，《协定》规定：缔约双方努力促进双方大学和文化、体育机构之间的交流，并为此提供方便；缔约双方互换关于教育、文化、体育机构，以及各级教学大纲和教育方法方面的文件资料；缔约双方将向对方提供留学生名额，并根据各自的条件向对方提供研究生奖学金，以及在各自的高等教育和文化机构组织实习训练班；缔约一方承认另一方根据其现行法律授予本国公民的学位和证书。

1993 年 2 月 25 日，中巴双方签署了中巴两国教育交流和合作谅解备忘录。再次强调中巴教育领域的合作与交流。开启了两国关系的新时代，战略伙伴关系不仅反映出当前中巴两国关系发展的现状，同时也指明了未来两国关系发展的方向：自此开始，两国关系进入不断深化和提升阶段。

2002 年开始，由于中华人民共和国被列入巴西外交部和教育部的协议研究生计划中，巴西大学开始向中国大学毕业生提供攻读硕士或博士学位（PHD）奖学金。

2004 年两国元首实现互访并建立中巴高层协调与合作委员会（以下简称高委会）。作为两国政府机构间主要合作机制，高委会为推动双方长期全面深入合作做出了积极贡献。巴西在北京大学设立巴西文化中心。

2007 年，获中国政府奖学金赴华留学的巴西学生达 38 人，在两国文化交流历史上是最多的一年。随着中国经济的发展以及中巴两国贸易往来的增多，越来越多的巴西人希望了解中国文化、学习汉语。由中国政府提供的奖学金项目吸引了众多巴西学生的关注，竞争十分激烈。在这 38 名留学生中，近一半人到中国学习汉语，其余攻读包括戏剧、电影、医药、企业管理等专业的硕士学位。[1]

2010 年 4 月，中巴元首签署《中华人民共和国政府与巴西联邦共和国政府 2010 年至 2014 年共同行动计划》（以下简称《共同

---

① 搜狐网：21 名少年将赴巴西留学［EB/OL］，http：//m. sohu. com/n/278512600/，2010 - 12 - 26。

行动计划》），加强对两国战略伙伴关系相关领域发展的战略指导。

　　河北精英集团探索"体教结合"的新模式，2010年12月26日，21名中国足球少年怀揣提升足球技艺的梦想和振兴中国足球的责任，赴巴西留学三年。这21名足球少年从全国2000余名足球苗子中经过三轮选拔脱颖而出，前往巴西奥莱足球俱乐部学习，该俱乐部曾培训过来自日本、韩国、美国、南非、哈萨克斯坦等国的数百名足球少年。与球员培养惯有的从业余体校到专业队、省队再到俱乐部的职业化道路不学文化课的模式不同，新的培养模式同教育紧密结合，这些孩子在巴西不仅踢球，还要上学。即便今后不能成为职业球员，他们也能在该集团的学校中完成学业，还能通过在巴西的学习，增强语言和对外交流的能力。

　　2011年4月12日、13日，巴西前总统迪尔玛·罗塞夫访华，两国共同发表了《中华人民共和国和巴西联邦共和国的联合公报》，其中特别对教育的合作交流进行了说明。双方重申愿深化教育交流，重视两国学生、教师和学者交流，并支持中国国家留学基金管理委员会和巴西高等教育人员促进会（CAPES）间的合作。为此，中国国家汉办（孔子学院总部）将同巴方联合组织并举办首届中巴大学校长论坛。双方对在巴西建立孔子学院表示满意，并重申将继续对在中国推广葡萄牙语教学以及在巴西推广汉语教学予以重视。

　　为进一步推动落实《共同行动计划》，2011年4月，两国领导人决定制定《十年合作规划》，明确2012年至2021年双方在科技与创新、经济合作及人文交流方面的优先领域和重点项目。中巴政府《十年合作规划》描绘了两国关系发展新的蓝图，双方要发挥中巴高委会等机制的作用，加强统筹协调，全面落实规划内容。《十年合作规划》中提出："教育领域，积极扩大学生交流，并根据互惠原则互换政府奖学金。特别是在巴西'科学无国界'计划框架内推动巴西学生在中国大学深造。"①"科学无国界计划"，计划在 2011 年至 2014 年间选派十万名巴西学生出国留学，为巴西培养并储备人才，推动巴西高水平人才培养的国际化。中国是首批参与"科学无国界"计划的国家之一，国家留学基金管理委员会与巴西高等教育人员促进会于 2012 年签署了落实"科学无国界"计划派遣学生来华学习的合作协议。

为推动中国与拉美国家高等教育的合作与交流，中国国家留学基金管理委员会与巴西高等教育人员促进会共同主办的"中国巴西高校合作对话会"于 2012 年 3 月 26 日在清华大学召开。43 所中国高校与 20 所巴西高校的相关负责人出席了会议。本次对话会的主要目的是为进一步落实中国政府于 2010 年颁布的"留学中国"计划，推动巴西政府制订的"科学无国界"计划的实施，吸引更多的巴西学生来华留学，加快我国高等教育的国际化进程，加强中巴双方高校间人员的交流，增进两国学生的相互了解，促进中巴双方在人才培养与科研领域的合作。"留学中国"计划的主要发展目标是到 2020 年使我国成为亚洲最大的留学目的地国家；建立与我国国际地位、教育规模和水平相适应的来华留学工作与服务体系；造就出一大批来华留学教育的高水平师资；形成来华留学教育特色鲜明的大学群和高水平学科群；届时全年在内地学校就读的外国留学人员数量将达到 50 万人次。

2012 年 11 月 21 日，在圣保罗召开的中国—巴西教育合作对

---

① 《中华人民共和国政府和巴西联邦共和国政府十年合作规划》，http://www.mofcom.gov.cn/aarticle/i/jyjl/l/201206/20120608197997.html。

话会上，中巴签订相关合作协议，巴西将在未来几年派出 5000 名留学生来华学习自然科学技术，中国也将向巴西派遣留学生。

2013 年，河北精英集团下属的北京奥利精英体育文化公司就开始在全国范围内选拔出色的少年女足球员，经过海选、复选以及在云南、河北、山西、北京等地的封闭训练选拔之后，决定首批选派 15 名少年女足球员前往巴西、美国，并承担这些少年女足球员留洋的全部费用。

2014 年，15 名中国首次选派赴巴西留学的少女球员，于 6 月 2 日启程飞赴南美。该集团选拔少年女子足球运动员赴巴进行训练、比赛，是中国少年女足球员第一次以整队建制前往海外接受高水平足球培训。中国足协女子部部长陆煜、国家前女足队长刘爱玲、国家女原足主教练马元安、国家队原主教练沈祥福、现任经纬中学女足教练毛晓华现场寄语出征女足，赠送足球、书籍、队旗，并勉励小女足球员早日学成归来，报效祖国。

2014 年 7 月 17 日，中国和巴西在巴西利亚发表《中华人民共和国和巴西联邦共和国关于进一步深化中巴全面战略伙伴关系的联合声明》，声明中专门提出双方将继续积极推动文化、教育、体育、旅游等领域的交流合作，并深化教育合作，支持在中国高等院校实施巴西"科学无国界"计划。双方同意鼓励更多巴西学生来华学习和参与各类教学实习，强调应密切两国研究机构和智库间的合作。

近年来，巴西双语制学校发展迅速。此类学校现已有 30 多所，注册学生 2500 名，呈进一步上升趋势。双语制学校最大的吸引力是国外认可这些学校的学籍。不仅巴西承认从这些学校毕业出来的学生的学历，美国、法国、意大利、德国、西班牙、瑞士也都承认。根据双语学校的统计，有40%的学生持此类学校的毕业证书去外国大学就读。巴西是目前世界上唯一把教育经费问题写入宪法的国家。早在1967年，巴西就在宪法中明确规定了其教育目标、教育经费及各级政府的责任与义务。1988年修改的新宪法则给予教育更大的支持。这成为巴西教育的显著特点之一。在收取学费方面，按巴西教育法有关规定，公立高等院校实行免费教育，联邦大学与州立大学均如此，而私立院校规定的学费就发展中国家而言较高，但与发达国家相比却不高。

图2　赴巴少年女足球员与刘爱玲（前排左一）

2014年7月，习近平主席访问巴西期间，中巴两国《全面战略伙伴关系联合声明》中明确提出"支持在中国高等院校实施巴西'科学无国界'计划"；2015年5月19日，李克强总理访问巴西，又在两国政府《联合声明》中重申，将通过"科学无国界"计划进一步扩大双方教育合作。该项目迄今已累计接收近300名学生来华学习。①

中巴建交 40 多年来，两国高层交往频繁，教育、经贸、科技、文化等领域的合作快速发展。在教育领域，2014 年，超过 1600 名巴西学生短期或长期来华学习交流，在南美洲国家中位居首位。两国签署了一系列文化合作教育协定，使中巴文化交流和合作走上了正规、持续、均衡的发展轨道。近几年来，中国在巴西利亚大学和圣保罗大学建有汉语教学点，孔子学院总部在巴西建有 10 所孔子学院和 2 所孔子学堂（见表 5）。中国传媒大学和巴西圣保罗亚洲文化中心分别设有葡萄牙语水平考试和汉语水平考试考点。中国社会科学院拉美研究所和北京大学分别设有巴西研究中心和巴西文化中心。中央电视台和中国国际广播电台分别在巴西建有拉美中心站和拉美地区总站。

表 5   巴西的孔子学院和孔子课堂②

孔子学院/课堂	启动运行时间	合作机构
圣保罗州立大学孔子学院	2008 年 11 月 26 日	湖北大学
巴西利亚大学孔子学院（2 个）	2010 年 3 月 29 日	大连外国语大学
里约热内卢天主教大学孔子学院	2011 年 9 月 1 日	河北大学
南大河州联邦大学孔子学院	2012 年 4 月 25 日	中国传媒大学
FAAP 商务孔子学院	2012 年 7 月 19 日	对外经贸大学
米纳斯·吉拉斯联邦大学孔子学院	2013 年 11 月 29 日	华中科技大学
伯南布哥大学孔子学院	2013 年 6 月 15 日	中央财经大学

---

① 新华网:《中国巴西关于进一步深化全面战略伙伴关系联合声明》，http://zm10. sm - tc. cn/1508934358855. htm。

② 资料来源:孔子学院总部/国家汉办官网，http://www. hanban. edu. cn/confuciousin-stitutes/node_ 10961. htm。

续表

孔子学院/课堂	启动运行时间	合作机构
圣保罗亚洲文化中心孔子课堂	2008 年 6 月 3 日 （协议签署时间）	国侨办
华光语言文化中心孔子课堂	2011 年 11 月 1 日 （协议签署时间）	华光语言文化中心

留学生方面，巴西出国留学生人数呈递增趋势，年增长率约为 4.5% 。经济合作与发展组织（OECD）的相关统计数据显示，2010 年，巴西约有 19299 名学生留学国外，其中，48.17% 的学生选择留学北美国家，11.04% 的学生留学德国、14.51% 的学生留学葡萄牙、10.2% 的学生留学西班牙等欧洲国家，从相关统计数据不难看出，巴西赴中国的留学生很少，大多数都选择北美国家和欧洲国家。巴西来华的留学生数量从 2008 年的 584 人次增加到 2014 年的 1675 人次，增加了近三倍。但是从全国的整体情况比较，巴西来华的留学生数量还很少。

（二）巴西教育合作与交流的主要参与者

巴西教育合作与交流的主要参与者包括教育部、科技部、外交部和巴西教育协调机构。教育部、科技部和外交部是巴西教育、科学、技术国际化的主体。

1. 教育部的基本职能：首先，教育部是推动国际教育交流与合作的主要参与者和管制者。其行动主要受 1996 年的第 9394 号法案《国民教育规章与基础法》（Law of Regulation and Bases of National Education）的指导。该法案定义了教育、国民教育的原则和目标、教育权利、教育与教学的等级和模式、教育的职业标准、教育的资金来源等相关概念。其次，教育部负责规划和评估国民教育政策、保证教育质量、了解法律和其他法规的实施。教育部主要依靠 CAPES、国家教育规划与研究所及其下属高等教育秘书处开展相关工作，CAPES 主要促进研究生教育的发展，对 CAPES 评估达到一定等级的高校提供硕士和博士学位奖学金名额，高等教育秘书处负责巴西全部高等教育机构的监督、评估和财务事务。最后，教育部下设三个部门负责国际关系，即高等教育秘书处国际咨询办公室、国际事务咨询办公室（负责本科生培养协议）、CAPES 的国际合作总协调处（负责研究生教育活动）。

2. 科技部的基本职能：负责国家科学、技术和创新领域的协调、综合部署以及政策提出。具体而言，一是它对基本科学训练、技术支持、研究人员的劳动生产率、硕士和博士学位、博士后研究提供奖励，并资助科研项目；二是为研究人员包括硕士和博士提供奖学金；三是与教育部、研究和项目资助委员会、国家科技发展委员会等部门建立了包括联邦和州立的科研及培训机构、公立大学、私立大学以及研究所在内的国家创新体系。国家科技发展委员会（National Council for Scientific and Technological Development，简称 CNPq）是它的主要代理机构。

3. 外交部的基本职能：外交部在三个综合的领域开展合作，即作为受助国的技术合作（包括双边和多边协议）、与发展中国家开展的技术合作、科学与技术合作。巴西外交部合作署负责在所有领域内的双边和多边的技术合作。

4. 巴西教育协调机构的基本职能：巴西高等教育国际化的核心是研究生教育的国际化，巴西的研究生教育在整个拉美地区处于顶尖水平。巴西研究生教育协调机构（Coordination Agency for Graduate Education，简称 CAPES）是研究生教育最重要的管理机构，主要负责研究生课程和培养项目的评估工作，为研究生教育相关政策的制定提供咨询服务，以及相关的培训机会和经费资助。CAPES将大学分为7个等级，其中达到等级6和等级7的大学被认为达到国际水平，这两种等级大学大多是公立的，其中专业水平达到等级6的大学多分布在圣保罗和里约热内卢，达到7级的大学主要集中在东南部地区。评估内容主要包括大学的科学、文化、艺术或技术成果、师资力量等方面的国际竞争力。在巴西，92%的大学有教师流动项目，70%的大学有学生流动项目，40%的公立和私立大学与国外大学联合提供双学位项目，通常都由合作方提供项目经费。[①]

（三）巴西教育交流与合作的培养项目

巴西教育合作与培养项目包括国家培养项目、双边受援技术合作、留学生协议、师生流动、合作研究项目与大学合作等。

1. 巴西的国家培养项目早在20世纪初就已存在，但参与的学生较少，而且多出于个人动机。"二战"前主要在乌拉圭、阿根廷、智利、巴拉圭、玻利维亚学习，"二战"后巴西加强了与其他拉美国家的合作交流，积极拓展与世界主要国家的合作交流。

2. 双边受援技术合作是由外交部下属的技术合作委员会通过开展高水平的咨询、巴西技术人员的技能培训和更新、向巴西高校捐赠高新技术设备，来推进技术转移和知识获取。它的主要合作伙伴有日本（约52%）、德国（约18%）、英国（约13%）、法国（约9%）、加拿大（约5%）、西班牙（约2%）、荷兰（约2%）、意大利（约1%）。活跃的项目主要集中在环境、农业、工

---

① 王正青：《高等教育国际化：巴西的因应策略与存在的问题》，《复旦教育论坛》2008年第6期，第82—85页。

业、健康、社会发展、公共管理、能源、交通运输、教育和城市规划等领域。

3. 留学生协议包括本科生培养项目协议和研究生培养项目协议。留学生培养项目协议由高校、外交使节馆、巴西领事馆办公室、教育部、外交部协作实现，巴西具体规定了生源地限制，参与该培养项目的申请者必须拥有葡萄牙语证书，每年有超过600位学生通过此项目进入巴西。

4. 师生流动方面，主要集中在研究领域，并在研究生教育上得到较大发展。CAPES和CNPq为师生流动提供资助。CAPES资助的奖学金名额为人文科学615个，精密科学、地球科学和工程学518个，生命科学332个。CNPq主要投资于精密科学、地球科学和工程学（约46%），其次是生命科学（约34%）、人文科学（约23%）。

5. 合作研究项目与大学合作主要有四种形式：参与科学活动、访问研究员、博士奖学金、研究补助。

（四）巴西政府支持政策："科学无国界"计划

1. "科学无国界"计划提出背景

近年来，巴西经济稳定发展，全国就业水平提高，但高素质人才不足的问题越来越突出。航天科研、航空制造、深海石油开采、信息产品开发以及大型工程建设项目、国家重大科研创新开发等都面临人才难觅的困境。

巴西总共有59所联邦大学、120所州立大学和100多所私立大学，还有2000多所私人教育机构，在校大学生640万人。巴西拥有近2亿人口，大学生占全国人口的比率仍然比较低。巴西国家科技发展委员会主任若泽·罗伯特指出，巴西目前有12万博士，人数不到全国总人口的千分之一，而在美国、德国和日本，该比例已经达到千分之五左右。另外，巴西高素质人才过多地集中在人文学科，而理工科人才培养滞后。2012年，巴西全国大学毕业生有80万人，但是工程学科的毕业生只有4.7万人。每年培养的工程师只有2.3万人，而韩国每年有8万人，印度有20万人。

人才不足影响了巴西企业的科技创新能力。经济总量居世界第七的巴西，在全球科技创新能力排行榜中只位居第四十七位。梅尔卡丹特指出，全世界2/3的产品专利是由企业创造的，而巴西2/3的专利则是由公共机构和大学的研究人员开发的。为此，罗塞夫强调，巴西经济发展的未来在于自主创新，而创新需要大量的科学和工程技术人才。

2. "科学无国界"计划内容

2011年7月26日，巴西科技部长梅尔卡丹特颁布了一项名为"科学无国界"的留学生派遣计划。根据这项计划，巴西政府将在未来3年内提供10万个奖学金名额，总额20亿美元，计划向欧美和亚洲各国派遣攻读科技专业的留学生。该计划是巴西为培养科学、技术和工程领域的精英而做出的重大努力，旨在使巴西保持可持续的发展能力，提高国家创新能力、竞争能力和战略部门的领导能力。

巴西现有5000名公派留学生在国外学习，现在从5000名一下子增加到10万名，这是一个巨大飞跃。巴西教育部和科技部两位部长表示，过去巴西的归国留学人员多数在高等院校任教，今后选派的10多万名留学人员，学成回国后将全部到企业工作，这或将为巴西经济起飞奠定扎实基础。

"科学无国界"计划所提供的奖学金涵盖中学到博士阶段，来源于政府和私人企业。其中联邦政府将出资 32 亿雷亚尔（约合 20 亿美元），提供 7.5 万个奖学金机会。私人企业将提供 2.5 万个奖学金机会。为帮助巴西学生顺利通过出国外语考试和申报奖学金，巴西各大学从当年夏季开始举办了各种外语速成班，为学生出国留学铺平道路。2011 年，首次派出 100 多名大学生到中国大学进行预科和专业学习。

"中国和巴西都是金砖国家，因此近些年来两国的经贸、文化交流日益频繁。巴西对了解中国文化的双语人才需求相当大。"巴西里约热内卢州立大学国际关系学院大四学生托马斯对《人民日报》记者说。曾在中国南京留学的经历让他对即将开始的职业生涯充满信心。

3. "科学无国界"计划基本方针

第一，留学生的选派要通过统一考试。罗塞夫指出，巴西政府"不仅要送学生到外国去读书，而且要送学生到国外最好的学校去读书"。政府提供的奖学金将涉及国外 200 多所名牌大学，其中有哈佛大学、斯坦福大学和剑桥大学等。

第二，选派的留学生将集中在对国家发展有利或是至关重要的科学领域。目前，巴西政府所提供的奖学金大部分分布在金融、经济、文学、艺术等人文学科领域。根据"科学无国界"计划，将来派遣的留学生主要集中在工程学、基础科学和应用技术等理工科技类专业学科领域。

第三，注意奖学金名额分配的合理性。巴西是一个多种族、多文化和地域差距较大的国家，每个种族、每个地区都应有合理的奖学金比例，因为地区的平衡发展是国家发展的基石。

4. "科学无国界"计划学生与企业交流活动

为帮助外国留学生深入了解中外经贸发展往来，搭建学生与企业间交流平台，2015 年 6 月 5 日至 6 日，由国家留学基金管理委员会与巴西驻华大使馆共同举办，北京航空航天大学承办的巴西"科学无国界"计划学生与企业交流活动在京举办。邀请了来自北京大学、清华大学、上海交通大学、华中科技大学等 30 所高校的 131 名巴西"科学无国界"计划学生参加。

交流活动期间，华为技术有限公司高级副总裁瞿文初、同方威视技术股份有限公司巴西分公司副总经理于平以及巴西淡水河谷公司上海分公司、巴西银行上海分行、巴西思美克贸易中国分部、三一重工、巴西恩布拉克北京分公司、巴西航空工业公司中国分公司、巴西出口与投资促进局北京办事处的代表对参加活动的巴西留学生介绍了企业在中国和巴西的各自发展情况、实习机会和人才需求，留学生们参观了中关村科技园、华为展示园北京展厅、三一重工产业园。①

2014 年中巴双方在习近平主席访巴期间签署了《中国国家留学基金管理委员会和巴西高等教育人员促进会关于向巴西"科学无国界"项目学生提供实习机会的谅解备忘录》，明确自 2015 年起向在华学习的项目学生提供在企业及实验室参与教学实习的机会。此次活动旨在落实《谅解备忘录》精神，帮助项目学生搭建一个与企业界直接交流的平台，为项目学生深入了解中巴经贸往来和今后的职业发展创造条件。②

---

① 西北农林科技大学新闻网：我校参加巴西"科学无国界项目学生与企业交流活动"，http://news. nwsuaf. edu. cn/yxxw/53296. htm，2015 - 6 - 19。

② 在习近平访问巴西期间与巴西高等教育人员促进会签署合作注解备忘录，http://uuw. zsr. cc/rtem/858372. aspx，2014 - 7 - 22。

留学生在中国的学习经历不仅丰富了专业知识，也拓展了中国阅历，对中国高等教育和社会经济的发展情况有了深入的了解。希望留学生回国后，把在中国的经历介绍给自己的同学和朋友，鼓励更多巴西学生来华学习；也希望留学生珍重与中国结下的这份缘分和友谊，做中巴友谊的使者，成为连接巴西与中国和世界的纽带，在中巴两国的友好交往中，发挥作用。

5. "语言无国界"项目

"语言无国界"项目于 2013 年正式启动。根据计划，该项目将为巴西学生提供英文、法文、西班牙文、意大利文、中文、日文及德文七种语言课程，同时向感兴趣的外国学生提供葡萄牙文课程。项目会首先对网络课程和实体课程申请人分别举行水平和分班测试。

英文课程于 2013 年正式启动，法文课程于 2012 年开始。包括中文在内的其他语言课程将陆续开设。"语言无国界"项目已在英文和法文项目上取得巨大成功，所有的巴西联邦大学和近乎全部联邦机构都与该项目进行了注册合作。

巴西教育部"语言无国界"项目负责人丹妮丝·利马指出："语言无国界"项目旨在配合巴西"科学无国界"项目及本国教育国际化等公共政策。

近两年来巴西掀起了"汉语热"，很多人在孔子学院学习中文。中巴教育交流的增进是两国政治、经济等领域交流不断深化的体现。"巴西是拉丁美洲最有发展潜力的国家之一，而中国是一条东方巨龙，两个发展中大国的合作受世人瞩目，"里约热内卢州教育局局长威尔逊·瑞索拉对《人民日报》记者说，"中巴经贸合作近年来持续升温，中国已经成为巴西第一大贸易伙伴。"①

三　智利

（一）中国与智利教育合作回顾

智利同属于拉丁美洲比较发达的国家之一，也是与我国建交最早的国家之一。1970 年 12 月 15 日，智利与中国建交，是南美洲第一个同中国建交的国家。智利还是第一个承认中国完全市场地位、第一个与中国签署双边自由贸易协定和第一个建立对华民间友好组织"智利—中国文化协会"的拉美国家。2004 年中智两国建立全面合作伙伴关系，2012 年建立战略伙伴关系。

图 3　中国与智利建交

智利是拉美教育水平最高的国家之一。实行 12 年义务基础教育。中等学校分为两种：一种是科学—人文学校，即普通中学，学生毕业后绝大部分报考大学；另一种为技术—职业学校，分工

---

① 求是理论网，人民日报：中国巴西密切教育交流，https：//zm10. sm－tn. cn/1509116 322501. htm。

业、商业、技术和农业等门类,从这类学校毕业的学生既可参加工作,也可以升大学。智利有各类学校 10768 所,其中高等教育院校 298 所,职业学校 82 所,技术培训中心 156 个。著名大学有智利大学、智利天主教大学、圣地亚哥大学。智利成人识字率 97.77%,文盲率 2.23%。①

20 世纪 70 年代同中国建交以来,始终保持着良好的合作关系,一直是中国非常友好的合作伙伴,随着中国和智利之间的贸易往来越来越多,越来越多的学生开始把留学目的地瞄向智利。越来越多的中国企业到智利投资,对中国留学生就业是个机遇。

2008 年,智利地区共有 26 人获得中国政府奖学金,其中 4 人已经在华学习。8 月 5 日,刘玉琴大使在使馆为 2008 年获得中国政府奖学金的 22 名智利留学生举行了招待会。

图 4   获得中国政府奖学金的智利留学生招待会

---

① 《智利国家概况》,中华人民共和国外交部,2015 年 9 月 17 日。

图 5　首届中国教育展暨中智大学交流活动

2012 年 7 月 24 日，驻智利大使馆在馆内举行了 2012—2013 年度中国政府奖学金和国家汉办奖学金录取通知书颁发仪式。国家留学生基金委员会向智利政府提供了 44 个奖学金名额，新招收奖学金生 30 名，其余为在华申请延期奖学金生。

为推动中智在大学领域的交流与合作，2012 年 11 月 26 日，中国国家留学基金管理委员会、驻智利使馆、智利国家科学技术委员会共同举办了首届中国教育展暨中智大学交流活动，活动在智利首都圣地亚哥举行。北京大学、北京航空航天大学、哈尔滨工业大学、东南大学、中山大学等中国各地的 47 所高校和教育机构的 100 多名代表向智利民众推介了中国高等教育。

中国驻智利大使杨万明在教育展开幕式上说："近年来，中国和智利的教育交流与合作取得显著成绩，中国许多大学都和智利多所著名大学、院校建立了校际交流和合作关系，已有 200 多名智利留学生在中国完成学业或正在学习。中国政府每年也向智利提供将近50名奖学金名额。预计会有越来越多中国学生来智利学校学习。"

中国国家留学基金管理委员会秘书长刘京辉指出，国家留学基金委愿借中智交流平台，进一步推动中智高校合作与交流，支持两国学生、学者和教师的双向交流，从而建立长期稳定联系，增进了解、扩大共识。在展览会举办地，中国和智利各大高校校长和代表们还举行了校长圆桌会议，就双方可能开展的教育合作进行了深入交流和探讨。

据智利教育部数据显示，2009年至2012年，留学生赴智利大学深造的人数平均每年增长14%，2012年至2013年，留学生人数平均年增长率为26%。这些数据也表明智利教育国际化的努力是富有成效的。

2013年，中智两国签署学历互认协议，中国政府和企业承认智利文凭，和国内大学毕业生享有同等的就业机会。

图6 中国驻智利大使杨万明在教育展开幕式致辞

（二）智利政府支持政策："留学智利"工程

2012 年 9 月，"Learn Chile"在土耳其伊斯坦布尔的 EAIE 教育展中首次亮相，它们将向中国学生带来最长一年期的短期留学项目。2013 年，智利短期留学项目"Learn Chile"问世，"Learn Chile"是智利面向中国、欧洲、美国及巴西等国家学生的留学计划，有短期课程和交换生项目，以西班牙语课和拉美文化课程为主。

2014 年 8 月 18 日，智利 21 所大学联合启动了"留学智利"工程（Learn Chile project），该项目是智利政府在圣地亚哥国际教育工作者协会（Association of International Educators Fair）推出的面向中国、欧洲、美国及巴西等国家学生的留学计划，旨在吸引更多的留学生赴智利留学，增加智利留学生的数量，为留学生提供丰富的生活体验。智利留学项目的官方网站为学生们提供了全面的留学信息，包括列举了智利的 21 所大学、赴智利留学的签证信息及相关材料准备的建议、生活实用指南等。

"留学智利"工程重要支持单位智利贸易促进局（Pro Chile）国际部官员表示，智利将重点吸引来自美国、中国、欧洲和巴西的学生。智利高校有关人士表示，智利社会安全、政局稳定、经济发展，是外国留学生留学的理想国家。目前在智的外国留学生主要是语言生（西班牙语）和交换生，感兴趣的专业主要与地震和矿业，以及天文学和海洋科学有关。为吸引更多外国学生来智学习，有关大学已开设了上千个以英语授课的课程。由于注重招生方法，近年来赴智利留学的中国学生也日益增多。据联合国教科文组织 2015 年 7 月发布的报告，美国仍是外国学生首选留学国家，约有 74 万留学生，其次是英国 43 万、法国 27 万、澳大利亚

25 万、德国 21 万, 以上五国吸引的外国留学生占全世界的 47%。

智利对外贸易促进会 (Pro Chile) 主任罗伯托·派瓦 (Roberto Paiva) 表示:"智利留学项目作为教育的主打品牌, 鼓励留学生到智利学习, 在获得学位的同时, 也能体验到丰富多彩的留学生活。"该项目希望留学生成为智利在世界各地的大使, 在自己的国家分享他们的留学经历。同时, 该项目也成为智利本土学生与留学生建立联系的桥梁和纽带。

四　墨西哥

(一) 中国与墨西哥教育合作回顾

1972 年 2 月 14 日, 中国与墨西哥正式签署建交联合公报, 从此两国关系开启了新的纪元。

1973 年 11 月, 埃切维利亚总统主动提出向中国提供 20 个奖学金名额。1978 年两国政府签署文化协定以来, 已举行 9 次文化教育合作混委会。

2003 年, 两国举行第八次混委会并签订《2003—2006 年度文化教育合作执行计划》。截至当时, 我国向墨西哥公派留学生 353 人、教师 22 名, 接受墨西哥奖学金留学生 261 人、教师 13 人。2003 年 12 月, 温家宝总理正式访问墨西哥, 与墨西哥总统福克斯共同宣布两国建立战略伙伴关系。

2004 年 8 月, 中墨政府间两国常设委员会在北京成立并召开首次会议。2006 年 5 月, 两国常设委员会第二次会议在墨西哥城召开, 双方签署了《2006—2012 年共同行动计划》。

自 2005 年开始的 5 年内, 中方每年向墨方提供 32 个奖学金名额, 墨方每年向中方提供 30 个奖学金名额, 是有史以来最多的时期。

2006 年 2 月陈至立国务委员访墨期间，两国签署关于中国在墨西哥国立自治大学、新莱昂自治大学、瓜达拉哈拉大学和尤卡坦自治大学建立孔子学院的谅解备忘录。为最终目标达成以下谅解：1. 双方承诺于近期互派专家组，对对方国家的学历学位体系进行细致考察，向本国政府提供考察报告，提出相互对应的学历学位证书框架。2. 在以上工作的基础上，双方将对已交换协议草案的内容进行修订并达成一致。此谅解备忘录于 2006 年 5 月 19 日在中墨两国常设委员会第二次会议召开之际在墨西哥城签署，一式两份，用中、西文写成，两种文本具有同等效力。

中墨友好关系不断发展，教育领域交流越来越多，每年都有很多墨西哥年轻人来中国学习或进行学术研究，同时也有越来越多的中国年轻人到墨西哥学习，有力地推动了教育合作与交流的迅速发展，两国开展了包括学生交换、教师交换、合作建立孔子学院等一系列项目。中墨相互为对方培养了数百名留学生，成为两国交往的友好使者。目前中国在墨西哥成立了拉美第一个中国文化中心，并开设了 5 家孔子学院，是拉美国家中最多的。

在 2013 年 6 月 5 日，习近平主席访问墨西哥期间，中墨双方建立了全面战略伙伴关系，签署了《中华人民共和国和墨西哥合众国联合声明》，两国政府将重点加强包括西班牙语和汉语教学在内的教育交流。双方将大幅增加奖学金项目，积极推进两国大学、研究中心和地方政府间交流。为此，中方承诺未来 3 年向墨方提供总计 300 个政府奖学金名额。同时，双方对墨西哥国立自治大学在北京外国语大学设立墨西哥研究中心表示欢迎。在这一框架之下，推动教育合作成了两国政府的重中之重，两国教育交流与合作将迎来一个新的历史时期。

2013 年 8 月 20 日，驻墨西哥使馆在馆内举行仪式，向 31 名获得 2013—2014 学年中国政府奖学金的墨西哥学生颁发录取通知书。中国政府向墨西哥学生提供了 40 个互换奖学金和 12 个单方奖学金名额，因有 21 名往年奖学金获得者继续在华学习，共有 31 名新生获得中国政府奖学金。据统计，2013 年获得中国政府奖学金赴华留学的拉美学生超过 1000 人。

2015 年 7 月，在中墨双方奖学金互换项目框架下，40 名中方学生到墨西哥各高校学习西班牙语、墨西哥文化以及硕士课程。其中，36 名学生赴墨西哥学习语言文化及相应本科课程，4 名学生学习硕士课程。接收这些中方学生的墨西哥高校分别是：墨西哥学院、普埃布拉名誉自治大学、瓜纳华托大学、科利马大学、新莱昂自治大学、伊达尔戈州立大学、墨西哥国立自治大学。

图 7　2015—2016 学年中国政府奖学金获奖留学生

2015 年 8 月 20 日，中国驻墨西哥使馆举行 2015—2016 学年中国政府奖学金录取通知书颁发仪式。邱小琪大使出席并致辞，70 余名奖学金获得者及家长参加了该仪式。

图 8　2015—2016 学年中国政府奖学金颁奖仪式合影

2015 年 8 月，墨西哥外交部（SRE）下属机构墨西哥国际合作发展署（AMEXCID）开放了 2016 年墨西哥政府奖学金申请。奖学金面向有意去墨西哥学习本科、硕士、博士课程或进行学术研究的外国学生 。此次墨西哥政府奖学金申请对 180 个与墨西哥签订了奖学金互换协议或其他多边互惠条款的国家开放，70 多所墨西哥高等教育学府将参与到此次奖学金项目中，所有参与高校都拥有国家级学术研究项目，这些由国家科学技术委员会登记在册的国家高质量科研项目无疑是墨西哥在科学及人文学术领域实力与发展的强有力的佐证。

通过向外国学生提供政府奖学金，墨西哥巩固了其充分履行国际责任的角色，重申了通过加强合作以促进高等人才培训的承诺。外国学生、学者和科学家在墨学习进修，他们的突出贡献有助于墨西哥与其他国家建立进行长久对话的桥梁，丰富墨西哥同他国的对外政策。同时，墨西哥高等教育机构及其他学术团体也能很大程度地受益于这一国际化潮流。

2015年9月14日，首批由墨西哥政府公派的医学专业留学生一行十人来到烟台市中医医院，正式开始他们为期一个月的中医理论及实践学习。学员是由墨西哥当地两所中医学院选拔的针灸专业尖子学员，由墨西哥政府出资，专程学习中医。

建交40多年来，在两国领导人亲自关怀下，双方在各个领域的交流合作日益扩大，取得了累累硕果。两国政治互信不断增强，高层交往日益频繁。两国经贸关系迅速发展，投资领域不断拓宽。中国已成为墨西哥全球第二大贸易伙伴，墨西哥也是中国在拉美地区的第二大贸易伙伴。目前，已有40多家中国企业在墨投资兴业，涉及纺织、农业开发、通信、汽车制造、矿业开采、石油勘探等诸多领域，生产性投资累计达6.14亿美元。

（二）墨西哥教育合作与交流的参与主体

墨西哥从事促进国际合作活动的实体包括：国家科学与技术委员会、外交部、全国大学和高等教育机构协会、墨西哥国际教育协会以及墨西哥私立高等教育机构联合会。

1. 国家科学技术委员会的基本职能：为墨西哥大学提供财政资源，用于知识生产、在墨西哥和国外机构的研究生学习奖学金项目、国际研究项目支持、国家高质量研究生项目的开发。该组织为墨西哥攻读研究生学位的学生和教师授予的奖学金数占总数的75%，最受欢迎的学习目的地是美国（约占50%），其次是英国（约占 20%），最后是西班牙和法国（分别约占 10%）、加拿大（约占 5%）和其他国家，需求最多的知识领域有精密仪器、生物科学、社会科学以及工程技术。91% 的奖学金获得者来自公立机构，有 5% 奖学金获得者没有回国。

2. 外交部的基本职能：一是接受和整合墨西哥高等教育机构提出的工作日程，促进双边或多边在教育、文化、科学和技术领域的商谈；二是向墨西哥教育机构发布外国政府提供的奖学金信息；三是向在墨外籍学生和国外墨籍学生提供奖学金；四是支持墨西哥学生在世界范围内的墨西哥领事馆和大使馆实习。

3. 全国大学与高等教育机构协会的职能：一是代表墨西哥大多数高等教育机构和很多最有声望的私立机构的非政府组织，它有 138 个成员；二是在设计和实施国家教育政策方面具有决定性影响，在决定教育项目的方向上发挥着重要影响；三是所举办的年会是讨论墨西哥主要项目和政策的最重要的论坛；四是在国际合作机会信息发布、财政资助、战略咨询等方面鼓励人力资源和教育项目的国际化。

4. 墨西哥国际教育协会的基本职能：一是通过把国际化的维度整合到实际的功能中，改善高等教育的质量；二是通过开展研究、调查和问卷调查，组织关于教育和国际合作的年会、开办研讨班和工作坊、建立学术交换部门、公开出版教育合作成果、出席国际教育合作的国际论坛等推动墨西哥国际教育合作与交流。该协会拥有 200 个成员，其中 51% 来自私立部门，38% 来自公立部门，11% 来自外国机构；该协会的资金来源于会员费以及诸如福特基金会等国际组织的支持。

5. 墨西哥私立高等教育机构联合会的基本职能：该机构吸收

了墨西哥最具声望的私立机构，现已形成多位委员会，分别负责开发有关研究、学术联系、促进研究者和国际国内机构之间交换的信息、专家网络等方面的议程。

（三）墨西哥政府支持政策：外国学生奖学金（Mexican Government Scholarships for Foreign Student）

资助来源：墨西哥政府

资助机构：墨西哥外交部

资助内容：最近几十年，墨西哥文化外交部门已成功运作了许多不同的学术交流项目，如通过为在不同专业领域攻读学术学位的学生提供奖学金而开展的人力资本培训。通过学术交流部、教育与文化合作总局设计并主持了外交部的外国学生奖学金项目。该项目将资助国际学生参加指定的墨西哥研究机构的课程学习，并攻读硕士或博士学位。项目不资助商业管理、市场营销、整形外科、会计学、牙科和广告学等专业领域的学习和研究。

该奖学金将涵盖学费、生活费、医疗保险（来自墨西哥社会保障局，从发放奖学金的第 3 个月开始），以及从墨西哥城到学习单位的交通费。攻读硕士学位或参加西班牙语课程和墨西哥文化课程的月生活费为 8074.8 墨西哥比索（约 600 美元），攻读博士学位或进行博士后研究的月生活费为 10093.5 墨西哥比索（约 750 美元）。

申请资格：

（1）根据具体奖学金项目的要求已获得学士、硕士或博士学位的国际学生；

（2）已被墨西哥研究机构录取或正在其中就读；

（3）目标资助国（包括中国）公民；

（4）在所获得的最高学位的学习记录中获得 GPA8.0（满分10）以上或同等水平的优秀成绩。

申请程序：

申请必须通过墨西哥驻申请人所在国大使馆提交。直接由申请人提交的申请将不会获得受理。申请人需提交的申请材料（非西班牙语文件须附上西班牙语翻译）为：

（1）申请人所在国政府的官方提名；

（2）阐述申请人对在墨西哥开展学习研究工作的兴趣的个人陈述；

（3）个人简历；

（4）护照复印件；

（5）墨西哥研究机构的录取通知书，其中须表明学习项目的起止日期；

（6）申请人最高学位证书复印件；

（7）申请人在所获得的最高学位的成绩单中须表明 GPA8.0（满分10）以上或同等水平的优秀成绩；

（8）母语非西班牙语的申请人须提供来自大学机构或语音中心的本人具备西班牙语高级水平的语言证明；

（9）由公共机构开具的最近 3 个月的申请人健康证明原件；

（10）出生证复印件；

（11）8 张白底正面近照，75px×75px，非电子版。

五　阿根廷

（一）中国与阿根廷教育合作回顾

1972 年 2 月 19 日，中国与阿根廷正式建立外交关系，揭开了两国关系史上新的篇章。2004 年，胡锦涛主席与基什内尔总统实现互访，两国宣布建立战略伙伴关系。两国关系由此进入全面快速发展的新阶段。

提起阿根廷，我们能想到很多名词，比如探戈、足球、烤肉，还有庇隆夫人、切格瓦拉和马拉多纳等。遥远的阿根廷对于中国人来说既熟悉又陌生。阿根廷官方语言为西班牙语，它是全球西班牙语教学中心，为数不多的全民福利国家之一，福利水平仅次于瑞士、挪威排名第三位。阿根廷是南美洲最富的国家，定居政策宽松，全国 97% 以上是白种人，为欧洲人的后裔，教育水平高，文盲率仅为 3.8%，其国民享受免费的医疗和教育。

阿根廷是拉美国民受教育程度最高的国家之一，文盲率仅为 3.68%，是拉美各国中最低的。目前全国共有大学 91 所，其中公立大学占 49%，大专 1500 所，全国高等教育在校人数为 170 余万人，其中 3/4 为大学本科生。各高等教育机构颁发的学位证书有 1100 种。

根据阿根廷的法律规定，只要通过入学考试，就能读公立大学，不用交学费。大学教育"宽进严出"，由于科系不同，拿到本科学位一般要 4 年至 7 年，硕士学位 2 年，博士学位要 2 年再加论文，像医学这样重要的基础学科，基本由公立大学举办。

国家教育部是高等教育的主管部门，负责主持大学入学考试，监督大学专业设置和获得学位的标准。另外每个省都有一定的自治权，可以独立制定部分教育政策。

除了专业学习外，阿根廷留学的一大特色就是西班牙语学习。目前阿根廷大约有 100 万华人，其中 20% 的人出国的目的就是学习西班牙语。阿根廷正在成为全球西班牙语的教育中心。

　　阿根廷的大学提供多种课程，并且大部分学府都联合欧洲和美国的知名大学，提供双重文凭。所有学府对接待外国留学生都有丰富的经验，都具备现代化的硬件设施和先进的科技设备。留学生除学习西语，掌握一门专业以外，文化经历也是很重要的收获，还可学习阿根廷在世界领先的运动，如足球、篮球、曲棍球。

　　阿根廷大学是社会化的大学，没有"校园""宿舍"的概念。除了上课，学生就生活在市内。外国留学生除了语言学习和专业学习，更多时候是在体验不同民族的文化，充分感受到"南美牛仔"的浪漫奔放。在阿根廷公立大学和私立大学的收费相差无几。硕士学位2年至3年，每年学费2000美元左右。

图9　布宜诺斯艾利斯大学孔子学院学生在练习书法

　　2014年7月份，习近平主席对阿根廷进行了国事访问，把中阿关系提升到全面战略伙伴关系的高度，推动两国关系进入新的快速发展阶段。当前，双方高层交往频繁，政治互信不断巩固，合作机制继续完善，多边协调更加密切，人文交流日益活跃。中阿关系发展正迎来黄金时期。习主席访问期间曾表示，中国足球的发展，希望同阿根廷加强交流合作，靠阿根廷的帮助，提高中国足球的水平。

图 10   阿根廷学生在表演太极拳

2014 年，在布宜诺斯艾利斯市政府和勒加索尼的努力推动下，阿根廷成立了南美洲第一家公立的中西文双语学校，从小学生开始教中文，2015 年年初又开办了第二家。

2014 年 7 月 2 日，在中国足协党委书记、副主席魏吉祥、北京市体育局副局长陈杰、北京市足协主席胡昭广、北京市体育基金会理事长李炳华及阿根廷驻中国大使古斯塔沃－马蒂诺共同见证下，加多宝斥资 1000 万元联合北京市体育基金会成立"加多宝（中国）体育事业发展基金"，并启动"圆中国足球梦——加多宝中国青少年足球运动员赴阿根廷培训计划"项目。首批 15 名参加培训的青少年运动员来自国安俱乐部预备役，于 7 月中旬起程。这项旨在提升青少年足球发展水平的培训计划的深入实施，将为中国足球的长远发展蓄积更多前进动力，也将使中国足球距离实现习总书记提出的"中国世界杯出线、举办世界杯比赛及获得世界杯冠军"三个愿望更近一步。

"培训计划"项目，是致力于中国青少年足球人才培养的长期项目，将在全国范围内遴选60名14岁至17岁有足球天赋的青少年，分批送往阿根廷，以博卡青年及圣洛伦佐两家俱乐部青训体系为基准，针对中国青少年身体特点设置内容进行培训，项目后续还将持续展开各种国际化的交流与培训，为中国足球事业发展和足球后备人才培养，提供源源不断的人才储备。

2015年1月25日，中国清华大学附小足球队抵达阿根廷首都布宜诺斯艾利斯，16名小球员在阿根廷开展为期2周的足球训练和学习。此次赴阿参训的中国小球员平均年龄在10岁左右，都是清华附属小学四到五年级的学生。他们将在阿根廷博卡足球俱乐部接受培训，与博卡青年儿童预备队进行友谊比赛，并且参加一系列足球交流活动。中国小学生足球队前去阿根廷培训，是"圆梦中国足球——加多宝中国青少年足球培训项目"所属内容。该项目由中国国家体育总局、中国足球协会等单位联合发起、加多宝集团出资，马拉多纳国际品牌管理有限公司、阿根廷足球协会、阿根廷博卡青年足球俱乐部等外方机构协办。

在这次足球文化交流期间，阿根廷足协商业代理公司圣莫尼卡集团与清华附小在布宜诺斯艾利斯签署合作协议，双方将在北京建设两国青少年足球培训基地，建立起长期合作关系。根据协议，在未来十年，清华附小每年选派校队队员或喜欢足球的学生赴阿根廷博卡青年等著名足球俱乐部接受系统训练，并与各俱乐部的少年预备队进行友谊赛，球王马拉多纳和一些知名国脚也会亲临指导。阿方也将派有经验的教练和球员赴北京基地与中国同行交流。

中国教育部从 2015 年起计划在全国遴选并支持建设首批 6000 所左右足球特色学校，积极开展校园足球国际合作。

综上所述，中国和阿根廷经济互补性强，双方经济联系日益紧密。中国已成为阿根廷全球第二大贸易伙伴，阿根廷是中国在拉美地区第五大贸易伙伴。近年来，中阿加强了教育、经济、文化等领域的合作。在教育领域，两国互派留学生人数持续增长。目前，中国政府每年向阿根廷提供近 20 个奖学金名额，至今已为近 400 名阿学生赴华深造提供奖学金。2015 年中国还增加了面向当地政府、企业优秀员工的管理学奖学金名额，阿政府也首次向中国学生提供赴阿留学奖学金。同时，阿民众学习汉语的热情不断升温。目前，阿共有 20 余所教学机构开设中文课程，当地汉语学生超过 3000 人。2015 年 3 月，阿第一所公立全日制中西文双语学校正式成立，这是拉美地区首所同类学校。首位阿根廷汉语学生在"汉语桥"拉美片区比赛中脱颖而出，将赴华参加全球总决赛。这些都是两国教育合作蓬勃发展的成果。

自 2009 年布宜诺斯艾利斯大学开设阿首家孔院以来，中国政府已在阿建有两所孔子学院和三所孔子课堂。目前，孔院招生人数逐年增加，社会影响越来越大。除教授汉语外，孔院还开设了书法、太极、功夫、民族歌舞等丰富多样的文化课程，举办了中国电影周、图片展等不少文化活动。

（二）阿根廷：罗卡教育计划奖学金

在阿根廷的大学实行奖学金制度，各个学校都有名目繁多的奖学金。国家对大学的补贴也多一些，因此，大学生的情况比中小学生相对好一些。但是，由于近年来政府财政困难，教育经费一再削减，学生的奖学金和其他补贴也受到影响，以致一些家庭收入较低或经济困难的学生难以继续学业。布宜诺斯艾利斯大学医学系不久前就出台了这样一种奖学金。该系利用一家制药公司提供的奖学金，向首批 45 名来自低收入家庭的学生提供此类奖学金，每人每月可得到 700 比索的奖学金，以保证其完成学业。作为回报，这 45 名学生必须在为期 9 个月的学年内，为医学系免费服务，从事接种疫苗、体检、量血压和防疫等工作。年底他们必须向医学系提交一项工作报告。学校对其工作表现作评估后，再决定是否继续为其提供奖学金。

到阿根廷留学，成绩优秀的学生可以申请奖学金，以减轻经济压力。罗伯托·罗卡教育计划是向阿根廷全国 16 所大学的学生提供的奖学金。

1. 面向工程和地球科学领域的新生的奖学金

每年 70 多个奖学金名额奖给 13 所公立大学的工程和地球科学的所选领域的新生。

2. 面向布宜诺斯艾利斯理工大学的机械和石油工程领域的新生的奖学金

每年 4 个奖学金名额奖给布宜诺斯艾利斯理工大学的机械和石油工程领域的新生。

3. 面向 BalsELro 学院的机械工程领域的新生的奖学金

每年 3 个奖学金名额奖给 BalsELro 学院的机械工程领域的新生。

4. 面向 Sabato 学院的材料工程领域的新生的奖学金

每年 2 个奖学金名额奖给 BalsELro 学院的材料工程领域的

新生。

所有奖学金可以每年申请，只要该学生继续达到该计划的要求。

六　哥斯达黎加

（一）中国与哥斯达黎加教育合作回顾

中国同哥斯达黎加于 2007 年 6 月 1 日建交。建交以来，两国经贸合作进展顺利，双方签订了促进和保护投资协定，建立双边经贸磋商委员会的谅解备忘录等合作协议。

2009 年 8 月，中哥双方达成了有关协议，哥斯达黎加大学与中国人民大学共建孔子学院在首都圣何塞宣告成立。该学院是中国在中美洲成立的第一所孔子学院，也是拉美地区的第十八所孔子学院，拥有 200 多名学生，已有 20 多名哥斯达黎加大学的同学到中国人民大学参加国际小学期。

2010 年 4 月，两国签署自由贸易协定。

2011 年 8 月 1 日，《中哥自贸协定》正式生效，哥成为第三个与中国签署此类协定的拉美国家。

2013 年 6 月 2 日至 6 月 4 日，习近平主席对哥斯达黎加共和国进行国事访问。哥斯达黎加是中美洲重要国家，是中国在中美洲唯一的建交国。中国是哥斯达黎加第二大贸易伙伴，2012 年双边贸易额达到了 61.73 亿美元。

目前，中国政府每年向哥方提供 40 个政府奖学金名额。2012 年 8 月哥斯达黎加钦奇利亚总统访华期间，中方承诺未来 5 年内将向哥方提供各类奖学金名额 400 人次。

2012 年 5 月 1 日至 10 日，以刘京辉秘书长为团长的留学基金委工作组出席了在华盛顿召开的 G8 国际教育峰会，访问了哥斯达黎加大学，并同该校就学生互换及哥大教师赴华攻读博士学位等合作签署了谅解备忘录。

图 11 访问哥斯达黎加大学并签署合作谅解备忘录

2013 年 3 月 15 日，宋彦斌大使和使馆科技组官员出席第三届国际科技研究生奖学金博览会开幕式并参展。在中国使馆展台，参观者众多，前来咨询的青年学生络绎不绝。当日，共发放奖学金咨询材料 750 余份。材料介绍了中国政府奖学金申报程序、招生计划及配套政策，并应咨询者要求发送了有关中国国情的各类图书 100 余册。本次博览会，共有来自使团、国际或区域组织、哥高校及科研学术部门的 25 家单位参展，接纳咨询逾 2000 人次。

2014 年，中国是哥斯达黎加第二大贸易伙伴，哥斯达黎加是中国在拉美第九大贸易伙伴。2015 年 1—5 月，中哥贸易额达 8.49 亿美元，同比下降 64%，其中中方出口 4.72 亿美元，中方进口 3.77 亿美元，同比分别增长 6.69% 和 -80.3%。[①]

2015 年 1 月，哥斯达黎加总统索利斯（Luis Guillermo Solis）在访华期间与习近平主席共同宣布两国建立"平等互信、合作共赢"的战略伙伴关系，并将制订《2016—2020 中哥合作共同行动计划》作为下阶段推进各领域互利合作的路线图，为深化两国经贸关系奠定了良好的政治基础。同时，索利斯被中国人民大学授予了名誉法学博士学位，并获得中国人民大学拉美研究中心"名誉顾问"称号。

从 2013 年开始，中国政府将在 5 年间每年向 80 名哥斯达黎加学生提供全额政府奖学金，资助其赴华留学；并已邀请 200 余名官员和技术人员在华参加各领域的研修和培训。目前，中哥双方正在努力落实两国领导人达成的重要共识，特别是制订中哥合作共同行动计划、开展经济特区可行性研究，将给两国各领域合作注入新的动力。

图 12　哥斯达黎加总统索利斯被中国人民大学授予名誉法学博士学位

---

① 驻哥斯达黎加使馆经商处：《中哥经贸关系简况》，http：//cr. mofcom. gov. cn/article/zxhz/hzjj/201507/20150701041907. shtml。

（二）哥斯达黎加政府支持政策：振兴规划

2015 年 10 月 29 日，哥政府宣布 2016 年旨在创造就业和经济刺激的"振兴规划"包括 34 个项目，总投资 6.5 亿美元。具体项目为 11 个交通和基础设施项目，5 个环境、能源、海洋和土地利用项目，5 个健康、营养和体育项目，5 个教育项目，3 个公共安全和司法项目，1 个农业和农村发展项目，4 个科学技术和电信项目。其中很多项目是在先前的总统任期内发起或协商的。上述项目的资金主要来源于公共债务，由中央政府及其他公共部门负责支出。[①]

5 个教育项目包括：高级教育项目施工（4850 万美元），公共健康学校总部及太平洋、西部、瓜纳卡斯特和加勒比地区分部，蓬塔雷纳斯和卡塔戈大学中心变更管理和区域发展中心，哥斯达黎加科技学院学生公寓，哥斯达黎加国立大学利比里亚、尼科亚和佩雷斯塞莱东基础设施项目，教育设备采购（超过 1000 万美元），马塔普拉（11.1309 0.0000，0.00%）塔诺和圣伊西德罗两个教育中心施工（450 万美元），国外高等教育奖学金（2600 万美元）。

七 哥伦比亚

（一）中国与哥伦比亚教育合作回顾

哥伦比亚共和国（西班牙语：República de Colombia），国土位于南美洲西北部，西临太平洋，北临加勒比海，东同委内瑞

---

① 《哥斯达黎加政府将为 34 个项目投资 6.5 亿美元》，http：//finance. sina. com. cn/roll/20151104/072823672458. shtml。

拉,东南同巴西,南同秘鲁、厄瓜多尔,西北与巴拿马为邻。是南美洲第二人口大国,拉丁美洲第三大经济体。实行小学义务教育,2011 年文盲率 6.6%。著名高等学府有哥伦比亚国立大学、哈维里亚那大学、安第斯大学、国立师范大学等。

1980 年 2 月 7 日中华人民共和国和哥伦比亚共和国建立外交关系以来,两国在文化和教育领域的合作与交流一直都很紧密。2005 年 4 月,乌里韦总统对中国进行国事访问。2005 年 5 月,全国政协主席贾庆林对哥伦比亚进行友好访问。2009 年 2 月,时任国家副主席的习近平对哥伦比亚进行正式访问。2012 年 4 月,李长春对哥伦比亚进行正式友好访问。2012 年 5 月,桑托斯总统对中国进行国事访问。2015 年是两国建交 35 周年,是双边关系发展历史中重要的一年,两国各领域交流合作进一步扩大。

中国与哥伦比亚两国的留学生交流已有悠久历史。1960—2010 年,哥伦比亚有 308 名奖学金留学生来华学习。到 2014 年,共有 1001 名哥伦比亚留学生在华学习,其中奖学金生 84 名。2005 年 4 月,时任总统乌里韦访华期间决定向中国提供奖学金名额。根据中国政府与哥伦比亚政府签署的互换奖学金协议,2006 年以来,中国国家留学基金管理委员会每年派遣 20 名西班牙语专业本科及硕士在读留学生赴哥伦比亚进行学习。目前,哥伦比亚有 3 所孔子学院、4 个孔子课堂,分别是安第斯大学孔子学院、麦德林市孔子学院、波哥大豪尔赫·塔德奥·洛萨诺大学孔子学院和新格拉纳达孔子课堂等。

2010 年 11 月,哥伦比亚留学基金委(ICETEX)Martha Lucia Villegas 主席访华,资助中国学生赴哥留学。根据中国教育部与哥伦比亚教育部《教育合作执行计划》,每年哥方接受中方 20 名西班牙语专业本科插班生、硕士插班生赴哥进行为期 12 个月的学习，并通过哥伦比亚留学基金委向中方提供奖学金。同时，中方每年向哥伦比亚提供 20 人的全额奖学金，接受学生类别为进修生、本科生和研究生。

应哥伦比亚总统胡安·曼努埃尔·桑托斯·卡尔德龙邀请，中华人民共和国国务院总理李克强于 2015 年 5 月 21 日至 22 日对哥伦比亚进行正式访问。建交 35 年来，中哥关系顺利发展，各领域合作成果丰硕。双方对两国关系发展水平感到满意。中国教育部和哥伦比亚教育部签署《2015—2018 年教育合作执行计划》。同月，中国同哥伦比亚共同举行"中国—拉丁美洲人文交流研讨会暨中哥人文交流研讨会"。11 月，"博特罗在中国：费尔南多·博特罗作品展"在华举行。

（二）"在哥伦比亚学习西班牙语"奖学金计划

2013 年 8 月，为了实现其宣称的讲"最好"的西班牙语的目标，哥伦比亚政府在全国范围内发起了一项使来哥伦比亚学习西班牙语的人数翻倍的运动，以此使哥伦比亚成为拉美国家主要的学习西班牙语的目的地。这一运动是由教育和文化部实施的，这一首创计划是哥伦比亚总统胡安·曼努埃尔·桑托斯"民主繁荣的政府计划"所列出的促进就业和经济发展的 110 个目标之一，旨在通过哥伦比亚境内的语言机构"Caro y Cuervo Institute"（类似于西班牙塞万提斯学院的机构）推广"在哥伦比亚学习西班牙语"的奖学金计划。同时，中国国家留学基金管理委员会也与哥政府签订了奖学金互换项目，每年将会有 20 名学生通过这一计划前往哥伦比亚学习西语，另外还将有 6 人可以在哥伦比亚的资助下攻读任意课程的硕士学位。据统计，每年有 1800 名国际学生到哥伦比亚学习西班牙语，但是政府希望到 2014 年将这一数字翻倍，用"最好听"西语打开多元选择的大门。

资助中国导游前往哥伦比亚进行语言培训是哥伦比亚政府基于东亚—拉美合作论坛（FOCALAE）文化交流优先领域的框架，于 2013 年发起的一项国家奖学金计划。该计划与其他多个奖学金计划一起，表达了哥伦比亚政府希望通过语言培训项目实现本国教育国际化的目标。

总体来讲，在丰富的奖学金计划下，可以受益的人群不仅包括西语导游、旅游领域的记者，而且还有西语专业的学生和教师。这些学员都会前往哥伦比亚不同地区的大学进行学习。可见，西语培训项目已经可以被看作是哥伦比亚的国家战略的一部分。

既然被认为是西语讲得"最好"的国家，哥伦比亚的西语教学资质自然也是深受认可的。在拉美地区 43 个得到许可的西班牙语教学机构中，哥伦比亚有 20 个。不论涉及的是商务西语，还是学术或旅游方面的西语学习，哥伦比亚各个学校的西语课都会依据欧洲语言共同框架（Common European Framework of Reference for Languages：Learning, Teaching and Assessment，即 CEFR）来设计教学内容，将语言教学建立在不同的层次和等级之上。自 2013 年起，许多学科也逐渐成为学生的新选择，比如石油工程、地质学、电子机械工程、医学、矿业工程、金融、国际关系等。

八　厄瓜多尔

（一）中国与厄瓜多尔教育合作回顾

1990 年 5 月 4 日，中国政府和厄瓜多尔政府签订了 1990—

1992 年文化交流执行计划，该计划中就教育领域的合作提出以下内容：1. 中方每年向厄方提供三个进修生和本科生奖学金名额，并负担起学习期满后的回程机票。2. 自本科计划生效起三年期间，中方向厄瓜多尔共和国外交部提供一个来华学习中文的奖学金名额，为期不超过三年。该生应持普通护照，且不享受外交特权。奖学金不含国际旅费；3. 三年内，厄方通过厄教育贷款及奖学金委员会（IECE）邀请中国专家赴厄讲学或进行学术研究活动，人数不超过四名。

中厄两国签有教育合作协议。1965—2015 年，我国共接收 224 名厄政府奖学金学生，向厄派出汉语教师 110 人次、志愿者 125 人次，提供孔子学院奖学金名额 159 人。2015—2020 年，我方将通过各种渠道向厄方提供 300 个政府奖学金名额。2010 年 12 月，中国石油大学同厄瓜多尔圣弗朗西斯科大学合作设立的孔子学院揭牌运营。此外，我国在厄瓜多尔思源中国语学校开设有孔子课堂。

2015 年 1 月 7 日，在习近平主席和科雷亚总统的见证下，教育部部长袁贵仁代表教育部与厄瓜多尔高教、科技和创新国务秘书雷内·拉米雷斯共同签署了《中华人民共和国教育部与厄瓜多尔共和国高教、科技和创新国务秘书处合作协议》。根据该合作协议，未来 5 年，中国政府将通过各种渠道向厄瓜多尔提供 300 个奖学金名额，并在更宽领域进一步深化双边合作。

2016 年 11 月 17 日，中国和厄瓜多尔发布关于建立全面战略伙伴关系的联合声明，其中指出双方愿为促进两国人员往来创造更有利条件，加强教育、文化、卫生、体育、旅游、司法等领域合作，促进新闻媒体、艺术家和青年组织交流，扩大互派留学生规模,不断增进两国人民间的相互了解和友谊。

（二）中国与厄瓜多尔教育合作现状

中厄两国建立教育合作关系以来,每年中方向厄方提供35个奖学金名额,厄方向中方提供1个奖学金名额。截至2014年年底,中方共接受厄奖学金生201名。2010年12月,中国石油大学与厄圣弗朗西斯科大学合作设立的孔子学院揭牌运营,教授中文,传播中国文化。截至2014年年底,中方共向厄派出汉语教师49人次,志愿者64人次,提供孔子学院奖学金名额120人。据统计,至2016年,大约有400名厄瓜多尔青年在中国学习专业课程。

和其他拉美国家如巴西、阿根廷、智利等相比,厄瓜多尔与中国的教育交流还比较少,有待更加深入的发展。

1. 中国与厄瓜多尔的教育合作还比较少,没有一个完善的体系,交流比较零散,而且在两国的教育交流与合作中,中国的参与主体比较单一,基本停留在官方层面,两国的交流合作主要是由中国政府在主导和规划,而中国和厄瓜多尔的企业以及两国的非政府组织、民间组织极少参与到交流合作中。

2. 中国与厄瓜多尔的教育交流合作单单涉及高等教育,而基础教育和中等教育阶段没有开展过任何交流与合作。

3. 中厄留学生互派存在一定的难度,诸多因素影响厄瓜多尔留学生来华的积极性,例如语言障碍,厄瓜多尔官方语言为西班牙语,在中国可以进行西班牙语教学的院校有限,再加之我国高等教育英语授课的水平也有限,加大了留学生项目开展的难度。

4. 学历互认仍然存问题。中国与厄瓜多尔至今还未签署学历互认的相关协议,因此,中厄两国学生赴对方国进行学历学习时可能会面临归国后学历认证的一系列问题。

5. 中厄两国由于地理位置相距遥远、文化差异等多方面的原因，彼此的认知并不全面，也错失了很多进行教育交流与合作的机会。

九 秘鲁

（一）中国与秘鲁教育合作回顾

秘鲁地处哥伦比亚南部，智利北部。与中国一样，秘鲁也是一个文化、历史非常悠久的国家。它是印加文明的起源地，是华侨最早到达和聚居数量最多的拉美国家之一，是南美洲开展中文教育最早的国家。中秘两国拥有灿烂古老的文明，深厚的文化底蕴为双方教育交流互鉴奠定了坚实的基础。自1971年中华人民共和国和秘鲁共和国正式建立外交关系以来，双边关系长期稳定健康发展，两国通过教育高层互访，签署教育合作与交流协议，发展双边和多边的教育合作与交流等，在教育领域的交流日益频繁。

秘鲁现行教育体制为：学前教育1—2年，小学6年，中学6年，大学4—5年，研究生1—2年。秘鲁拥有约80所私立大学和公立大学，全国著名高等院校大多集中在首都利马。最著名的国立大学是圣马科斯大学（建于1551年），亦是拉美历史最悠久的高等学府。著名的私立大学分别是：天主教大学、利马大学、圣马丁·德彼雷斯大学、里卡多·帕尔马大学和太平洋大学。英国《泰晤士高等教育》在2016年7月7日发布了2016年度"拉丁美洲大学排名"，秘鲁天主教神学大学排名第21位。

多年来，在中秘两国的共同努力下，双方教育交流合作成果显著，形成了合作领域宽广、内容丰富、政府主导、民间活跃的交流格局。双边教育交流与合作内容覆盖了高等教育、基础教育、职业教育和语言文化等多个领域；合作主体也包括了各级政府教育部门、各级各类教育机构以及科研机构；合作形式更是涵盖了人员交往、项目合作与机制平台建设等多个方面。

1991 年 12 月 13 日，《中华人民共和国政府与秘鲁共和国政府关于互相承认高等学校的学位和学历证书的协定》达成协定：双方互相承认对方主管高等教育机构批准或注册的高等学校颁发的学位和学历证书。双方将根据各自国家的有关法律和规定颁发学位和学历证书。

为进一步加强两国间业已存在的友好关系，促进中秘两国人民的相互了解，1997 年 7 月 31 日，《中华人民共和国政府和秘鲁共和国政府 1997 年—1999 年度文化交流计划》中提出："中国政府每年向秘鲁提供四个进修生或研究生奖学金名额。秘鲁政府向中方提供便利，以便中国学生在秘鲁的国立和私立大学里学习和进修获得年度奖学金。中方继续通过中国国家教育委员会派遣一名教师到秘鲁天主教大学开展中国语言、文化和文学的教育。双方鼓励大学教师和学生之间建立校际联系。双方将派教育专业人员和技术人员互访，以便相互了解对方教育现代化的进展情况。双方将鼓励大学教师的互访，通过国立农业大学、国立工程大学和特鲁希略国立大学与相应的中国大学实施研究项目。"

这一系列协议开启了中秘在教育领域合作与发展的新纪元。

（二）中国与秘鲁教育合作现状

1. 高层及代表团互访

中秘建交 45 年来，两国教育高层一直保持着密切联系，双方互访频繁。2008 年 1 月 14 日，国家教育部副部长章新胜在西安会见了来华出席"第四次亚太经合组织（APEC）教育部长会议预备会"的秘鲁代表团一行。章副部长与秘鲁教育副部长维克多·拉奥·迪亚斯·查维斯就促进中秘教育交流与合作交换了意见。

2008 年 11 月 21 日，国家主席胡锦涛对秘鲁进行国事访问，受到秘鲁教育部长何塞·陈的热情迎接。

2013 年 4 月 6 日，习近平主席与访华的秘鲁总统欧阳塔·乌马拉进行了会谈，共同宣布将两国关系提升为全面战略伙伴关系，中秘关系实现了新跨越。会谈之后，出席了中秘两国政府经济技术协定和农业、林业、教育、文化等领域合作文件的签字仪式。涉及教育领域的合作，为两国教育事业加深交流与合作增添了新的动力。此后，秘鲁总统也同中国教育部长进行了会晤交谈。

2013 年 8 月 28 日，中国国家留学基金管理委员会代表团一行三人访问秘鲁，与秘外交部、教育部等部门的中国奖学金项目相关负责人举行了会谈，并重点就奖学金选派工作的日程安排、申请程序及责任划分等问题进行了深入讨论。

2015 年 5 月 22 日至 24 日，国务院总理李克强对秘鲁进行访问。促进人文交流是李克强总理此行的一根主线，他出席了"中国—拉丁美洲文明互鉴系列活动"，与两国文化界人士进行交流。李克强总理说，中秘、中拉文明学习互鉴土壤深厚，空间广阔，相互融合会迸发更多创新动力。他并热情地向现场听众回应说，"是的，我们是'老乡'"。

为了加强北京同利马两地学校间的相互了解，为今后开展国际教育交流与合作打下良好的基础，2010 年 11 月 13 日，北京市教育代表团在秘鲁首都利马举行中国国际教育交流与合作推介会。北京理工大学、中国传媒大学、首都师范大学、北京市第八十中学、北京市第五十五中学和北京市芳草地国际学校的代表分别在推介会上介绍了各自学校的情况。秘鲁当地教育机构官员、当地部分知名学校代表及华侨华人、秘鲁学生和家长近 200 人参加了推介会。

2012 年 11 月 23 日，中国上海教育展在秘鲁天主教大学举行，同期还举办了"上海秘鲁高等教育双边论坛"。秘鲁天主教大学副校长埃弗拉因·德奥勒特、上海市教委副主任李瑞阳、中国驻秘鲁大使黄敏慧出席开幕式。

2015 年 3 月，北京市第二十五中学参加了由北京市教委、北京市国际教育交流中心组织的第三届赴秘鲁教育展，此次参展的有北京市教委以及相关直属单位，北京大学等 11 所高校和北京市汇文中学等中等教育学校 8 所。秘鲁国会教育委员会主席介绍秘鲁国际交流情况。中国代表团团长介绍北京留学教育概况，指出北京有出色的大学、中学、文化古迹。参展旨在宣传中国高等教育和中等教育学校的发展和成就，传播中华文明及北京悠久的历史文化，扩大北京市教育的国际影响力，使更多秘鲁的青年学生了解中国的高等教育和中等教育，并吸引更多学生来华留学及交流。

2016 年 2 月 24 日，秘鲁应用科技大学国际事务处处长 Josilu L. Carbonel Falcon 女士率领师生代表团访问北京航空航天大学。

2. 系列教育协议

2005 年 6 月，中秘签署《关于支持在秘鲁合作建设孔子学院的谅解备忘录》。2007 年 12 月，中国国家汉办与秘鲁利马天主教大学、阿雷基帕大学、皮乌拉大学和里卡多·帕尔玛大学分别签署设立孔子学院的协议。

2013 年 4 月秘鲁总统乌马拉访华期间，中秘两国教育部签订了《中华人民共和国教育部与秘鲁共和国教育部关于教育领域合作的谅解备忘录》。该备忘录对提升两国教育国际化水平，促进中秘有关教育机构开展交流与合作具有重要意义。根据协定，自 2014 年起，中方向秘鲁提供的全额奖学金数量将从每年 10 人增加至 50 人，秘方将向中方提供每年 2 人的秘鲁政府奖学金。双方保证按各自国家的规定标准为奖学金生免收注册费、学费和住宿费，提供生活费和医疗保险。中方学生的选派工作由中国国家留学基金管理委员会通过中国驻秘鲁大使馆商秘鲁教育部进行，秘方学生的选派工作由秘鲁教育部通过秘鲁驻华大使馆进行。

2016 年 9 月 12 日至 16 日中秘发表《中华人民共和国和秘鲁共和国关于深化全面战略伙伴关系的联合声明》，指出要不断扩大双方文化、教育、科技、卫生、救灾、体育等人文领域交流与合作，进一步增进两国人民传统友谊。

3. 学生双向流动

中秘两国政府间签署的奖学金交换协议和中秘教育部签署的教育合作谅解备忘录，推动了两国互派留学生人数越来越多。2012 年，秘鲁教育界首次推出教育计划，接受中国留学生前去就读。高中学历，年满 18 岁，即可申请攻读本科专业。大专以上学历，年满 20 岁，即可申请攻读硕士学位，无语言基础要求，从零开始学习最纯正的西班牙语。自 2013 年起，中国政府向秘提供的单方政府奖学金名额大幅度增加，使更多的秘鲁青年有机会赴华深造。此外，两国在农业科技创新及应用、高技术领域、科技人才培训等方面开展的合作卓有成效。这些交流增进了两国人民的相互了解，夯实了两国友好的社会基础。

2014 年起，秘方为中方每年提供 2 名攻读硕士或博士学位的奖学金名额。

2015 年，广东省高校在读拉美 34 个国家的留学生共约 990 名，其中秘鲁 128 名，这些学生主要就读于中山大学、暨南大学、华南师范大学、广东外语外贸大学、深圳大学和华南理工大学等 19 所高校，主要学习汉语、国际经济与贸易、计算机科学与技术、医学类及管理类等专业。全省获 2015 年度来粤留学生奖学金的拉美国家留学生共 18 名。

2015 年 8 月 20 日，中国驻秘鲁大使馆举办秘鲁赴华留学生见面会。驻秘鲁大使贾桂德出席。来自秘鲁多个政府部门和大学的新老留学生代表近 30 人参加。中国驻秘鲁大使馆文化官员在讲话中表示，教育交流是中秘全面合作的重要组成部分，每年都有越来越多留学生赴华学习，他们学成归国后在秘鲁的方方面面发挥作用。此次有近 50 名留学生即将赴华，举办这次活动旨在让新老留学生交流在中国留学的经验，同时也促进他们对中华文化的了解和认识。

2016 年 8 月 19 日，秘鲁圣母玛丽亚大学孔子学院举办奖学金申请、中国留学经验交流会，激发孔子学院学生的汉语学习热情、提高汉语学习效率和成功申请奖学金到中国留学。

作为纪念中国和秘鲁建交 45 周年的纪念活动之一及 2016 年 11 月秘鲁利马 APEC 峰会秘方组织的活动之一，著名环保机构"守望地球"与秘鲁驻华大使馆联合举办了 2016 年中秘青少年联合科考队远赴亚马逊展开野外科考活动。秘鲁外交部和教育部特别挑选出 3 名品学兼优的秘鲁高中生，与这 13 名优秀的中国青少年同赴亚马逊上游的秘鲁帕卡亚—萨米利亚国家级自然保护区开展亚马逊生态监测联合科考，以促进中秘两国青少年科学学习交流。

2015 年 5 月 6 日，中国教育国际交流协会领导在协会会见了秘鲁圣佩罗大学代表团一行。双方围绕目前中秘高等教育交流所面临的机遇和挑战进行了讨论，并就进一步加强交流与合作交换了意见。近年来该协会积极开拓与秘鲁的教育合作交流，与秘鲁高校战略联盟、秘鲁大学校长委员会等组织建立了友好合作关系。

4. 语言教学

随着中秘两国关系和各个领域的交流不断升温，目前在秘鲁兴起了一股学习汉语的热潮。越来越多的秘鲁人愿意了解中国文化，关注中国的发展，学习汉语的人日益增多。

2008 年 9 月 25 日至 10 月 1 日，国家汉办代表团访问秘鲁，双方就与秘鲁天主教大学、圣母玛利亚天主教大学、皮乌拉大学共同合作建设孔子学院进行了商谈并达成相关协议。

2008 年 11 月 19 日，中国国家主席胡锦涛和秘鲁总统阿兰·加西亚出席了 3 所孔子学院的揭牌仪式，这标志着孔子学院在秘鲁的正式成立。

2010 年 11 月 12 日，河北师范大学与秘鲁里卡多·帕尔玛大学达成协议，秘鲁正式成立了第四所孔子学院。目前，在秘鲁的孔子学院都有较好的设施，在软硬件建设方面，各学院分别配备了多媒体教室、办公室，有的还有小型图书馆和礼堂，为学生提供学习、活动场所；各学院均有中方志愿者身份的教师，有的还有中国公派教师和当地教师。使用的教材主要是北京外语教学与研究出版社出版的《今日汉语》西班牙语版，每学期视学生人数开设不同班别。

2013年4月8日，在中国进行国事访问的秘鲁总统欧阳塔·乌马拉·塔索出席了在北京公共外交文化交流中心举行的中国河北师范大学成立秘鲁研究中心签约仪式。

2013年11月28日，秘鲁里卡多·帕尔玛大学汉学研究中心揭牌仪式在大学文化中心举行。汉学研究中心的成立将凝合广大汉学家力量，吸引更多秘鲁朋友走近中国、了解中国，为中秘关系持续发展打下更加扎实的根基，为中秘人民的长远友好提供更充足的后劲。

2016年9月8日首届拉美及加勒比地区孔子学院（课堂）口语大赛决赛在智利圣地亚哥如期举行。本次大赛由孔子学院总部/国家汉办、中国国际出版集团主办，孔子学院拉丁美洲中心、今日中国杂志社承办。来自7个国家的10名决赛选手经过激烈角逐，来自秘鲁皮乌拉大学孔子学院的陈晓娜成为本届口语大赛的冠军。

5. 高校间教育合作

目前，中国高校开始与秘鲁高校建立合作关系，两国教育领域交流日益频繁。

2009年4月19日，山东省教育厅组团对秘鲁进行考察访问，启动与南美的教育交流与合作。代表团在秘鲁天主教大学访问时，详细考察了孔子学院、影视学院、教育学院，探讨了在孔子学院文化教材、视频与电子课件、远程教育等领域的合作，并向孔子学院赠送孔子画像，提供山东大学硕士研究生奖学金一名。

2010 年 9 月，为落实教育部《扩大教育行动计划（2010—2012 年）》的文件精神，中国地质大学（武汉）与秘鲁国立工程大学签署两校合作协议。根据协议，双方将开展教学和研究人员的交流，联合开发矿产资源等方面的合作。

2013 年 4 月 8 日，河北师范大学秘鲁研究中心正式成立，主要致力于研究和介绍秘鲁的文化、教育、政治和经济。河北师范大学秘鲁研究中心是秘鲁在外国大学成立的第一个研究机构。

2014 年 7 月 15 日，中国科学院院长白春礼率团访问秘鲁圣马科斯国立大学，并与该校校长佩德罗·科蒂略共同出席了华南植物园—圣马科斯大学生物学研究联合实验室成立仪式。中国科学院自 2008 年起即与秘鲁圣马科斯大学建立了友好合作往来，此次生物学研究联合实验室的成立是对两机构既往合作的进一步深化，今后通过这一平台，双方在人员交流和生物调研领域的合作将迈上新台阶。

2014 年 9 月，河北传媒学院、北京第二外国语大学、广东外语外贸大学等派出学生赴秘鲁圣伊格纳西奥德约拉大学实践合作项目。

2014 年 11 月，北京第二外国语大学成立了秘鲁研究中心。

2016 年 6 月 5 日至 12 日，广东药科大学校长郭姣率团先后访问了秘鲁国立圣马科斯大学、秘鲁圣母玛利亚天主教大学，与合作方大学的领导、学者及管理人员就合作研究、教师培养与互访、学生交流、合作办学、传统医药研究等方面进行了广泛交流与探讨，进一步开拓广东药科大学与南美洲高校的相互了解和友好交流。

2016 年 6 月 15 日，为了积极配合国家人文交流机制，深化中国学校与拉美高校的交流合作，应秘鲁里卡多·帕尔玛大学、秘鲁国立圣马科斯大学的邀请，西南科技大学校长陈永灿率团对秘鲁高校及相关机构进行了访问交流。双方就师生交流进修、人才培养、学科建设互动、科研合作、中拉人文交流等领域进行了广泛深入的探讨。陈永灿校长与里卡多·帕尔玛大学校长伊万·罗德里格兹·查韦斯博士签署了两校合作协议，开启了西南科技大学与秘鲁高校开展全方位合作交流新的里程碑。

2016 年是中国拉美文化交流年。同时，亚太经济合作组织领导人峰会（APEC）也将于 11 月在秘鲁举行。中国和秘鲁，虽然远隔重洋，但是双方在教育领域的发展潜力是巨大的，我们有充分的信心，可以预期中秘双方将携手共享发展机遇，互鉴教育成果，将教育领域互利合作推向新的高度，从而推动两国繁荣发展，造福两国人民。

十　乌拉圭

（一）中国与乌拉圭教育合作回顾

乌拉圭是一个位于南美洲东南部的小国，拥有 300 多万人口，目前 GDP 保持在 1.4 万亿美元左右，师资率达到 56%。乌拉圭建立了非宗教性质的公立教育系统，实行 9 年制义务教育。这是自 1780 年以来政府部门就明文规定的，同时也是拉美国家第一个民主化的案例。在过去的 150 年里，乌拉圭只有在两个短时期内曾出现过独裁政权的现象。乌拉圭非常重视公共教育。20 世纪 50 年代，乌拉圭面临不同阶段的危机，特别是在 20 世纪 80 年代爆发了大规模的贫困，儿童营养不良现象显著。

1988 年 2 月 3 日，我国与乌拉圭建交，两国签署文化教育合作协定——《中华人民共和国政府和乌拉圭东岸共和国政府文化教育合作协定》，提出："缔约一方将考虑向另一方的公民提供学习和专修奖学金。奖学金及其条件将另行商定。缔约双方为便于承认同等学历证明、教学证件、职衔和学位等，将研究签署一项有关的协定。"①

我政府文化代表团多次访乌，乌文化教育部长 1994 年访华，广电部副部长杨伟光 1997 年访乌。

2001 年 4 月，中乌签订文化教育合作协定 2001—2003 年执行计划。

2002 年 9 月，乌拉圭未来足球俱乐部在天津市招收小球员赴乌留学，小球员在乌拉圭三年的足球留学生活结束后，俱乐部将为其提供四条发展道路：一是为欧洲一流俱乐部输送后备力量，二是向南美及本国俱乐部推荐，三是为国内甲级俱乐部输送人才，四是乌拉圭未来足球俱乐部考虑在中国组建自己的俱乐部。小球员除了日常的足球训练以外，将有一半的时间进行文化课学习，因为在乌拉圭文化课是受法律保护的，学习的课程不仅包括国内初中语文、数学、历史、地理等课程，还有西班牙文、英文等语言文化课程。在家长最为关心的费用方面，该足球留学项目的组织者将为被选中的小球员减免一半的学费。2002 年 10 月，两国签署教育合作谅解备忘录。两国在教育领域的交流与合作以我国接受乌拉圭来华奖学金留学生为主。②

---

① 中华人民共和国政府和乌拉圭东岸共和国政府文化教育合作协定［EB/OL］，http：//m. 110. com/fagui/10680. html，1988－02－03。

② 乌拉圭足球留学项目天津市小球员报名踊跃［EB/OL］，http：//sports. sina. com. cn/c/2002－09－13/1018315257. shtml? from = wap，2002－09－13。

2004 年 6 月，中乌签订文化教育合作协定 2005—2006 年执行计划。

2006 年 12 月，乌拉圭总统提出"一人一本"计划（One Laptop Per Child，简称 OLPC），它是一个强调社会正义与公平的包容性项目，即为每名学生提供一台耐用、低功耗并可联网的便携式计算机。在当时而言，该项目是一项兼具创新性和冒险性的措施。现在看来，此类的教育信息化项目得以实行，促进了社会包容性发展，成效非常显著。①

（二）中国与乌拉圭教育合作回顾

2010 年年底，中国共接受 26 名乌拉圭奖学金留学生。

2013 年 4 月 18 日，乌拉圭文化节开幕式在北京外国语大学逸夫楼举行。乌拉圭东岸共和国驻中国大使罗萨里奥·波特丽出席了开幕式。文化节的举办将进一步加强北京外国语大学与乌拉圭驻华使馆和乌拉圭高校之间的合作，促进北京外国语大学学生对乌拉圭文化的了解。

图 13　乌拉圭文化节在北京外国语大学开幕

① ［乌拉圭］米格尔·布莱什纳：乌拉圭教育信息化发展状［J］，2013 年第 20 期。

2013 年 6 月 25 日，应乌劳动大学邀请，驻乌拉圭使馆政务参赞丁山、文化处一秘寇泽刚和使馆厨师张增利为该校烹饪系的 70 多位师生献上了一堂别开生面的"中国厨艺"公开课。丁山参赞首先介绍了中国职业教育情况，他说，职业教育为社会输送大量专业技术人才，强调了搞好职业教育、完善职教体系对国家建设、社会进步和人的特别是青年人的全面发展意义重大。他勉励烹饪系的学生学到手艺、练好本领，为国家和社会服务，用自己的双手打造美好未来。寇泽刚一秘结合中国传统美食文化宣传短片介绍了中国厨艺的历史、技巧和蕴藏在其中的文化内涵，调动起在场师生的浓厚兴趣和参与热情。

图 14　驻乌拉圭使馆和乌劳动大学合作举办"中国厨艺"公开课

2016 年 8 月 8 日，驻乌拉圭大使董晓军会见乌拉圭教育文化部部长穆尼奥斯。双方就深化教育文化交流与合作交换了意见。董大使表示，中方高度重视与乌拉圭在各个领域的友好合作，希望进一步加强教育文化交流与合作，推动双边关系全面提升和不断发展。穆尼奥斯部长非常感谢中国政府在教育文化等领域给予乌拉圭的支持与帮助，表示愿与中方加强合作，开展文化交流，共同举办文化活动。①

图 15　驻乌拉圭大使董晓军会见教育文化部长穆尼奥斯

2016 年 10 月 18 日，《中华人民共和国和乌拉圭东岸共和国关于建立战略伙伴关系的联合声明》中指出：“双方一致认为，推进汉语和西班牙语教学具有重要意义，同意共同推动两国高校学生以及大学间加强交流，达成相关合作协议。乌方赞赏孔子学院（汉办）在汉语教学方面所做工作，对乌拉圭共和国大学即将开设孔子学院表示欢迎。”②

---

① 驻乌拉圭大使董晓军会见教育文化部部长穆尼奥斯［EB/OL］，http://www.fmprc.gov.cn/web/gjhdq_676201/gj_676203/nmz_680924/1206_681192/1206x2_681212/t1388082.shtml，2016－8－9。

② 中华人民共和国中央人民政府：中华人民共和国和乌拉圭东岸共和国关于建立战略伙伴关系的联合声明［EB/OL］，http://www.gov.cn/xinwen/2016－10/19/content_5121175.htm。

　　2016 年 11 月 9 日，台州市体育局局长卢颖才会见了联合国国际学院首席顾问、乌拉圭青年国家队前队员丹尼尔·巴瑞奥博士，经过友好协商，双方决定以互利原则为基础建立足球战略合作关系，整合优势、统一资源，并签订意向书。合作内容包括：乌拉圭方对台州足球队训练、梯队建设及教练员师资培训等予以指导；计划培养台州青少年优秀球员 120 名、指导和培训 30—50 名足球教练员；打造一支台州顶级业余成人足球队等；乌拉圭方将制订培训、指导计划，成立专家小组，定期赴台州进行组织实施。

图 16　台州与乌拉圭建立足球战略合作关系

　　2017 年 8 月 5 日，以"学会中国话，朋友遍天下"为主题的第十届"汉语桥"世界中学生中文比赛乌拉圭赛区预赛在蒙得维的亚市英国学校成功举办。驻乌拉圭大使董晓军以及乌拉圭 ORT 大学副校长费尔南德斯、凤凰学院院长戴宇飞等各界友好人士 100 余人出席了本次活动。

2017 年 4 月 11 日，乌拉圭来华访问的乌拉圭共和国大学校长罗伯特·马尔卡里安（Roberto Markarán）在乌拉圭驻华大使馆召开新闻发布会，介绍了乌拉圭第一所孔子学院创办情况。罗伯特·马尔卡里安表示："乌拉圭和中国的战略合作不仅仅表现在政治和经济方面，而且要表现在促进两国人民之间的人文交流方面，而乌拉圭第一所孔子学院的建立正好加深了两国之间的人文合作。"

图 17　乌拉圭将创办第一所孔子学院，华人建筑师任院长

2017 年 9 月 18 日，乌拉圭东岸共和国旅游部副部长本杰明·利维罗夫（Benjamin Liberoff）在乌拉圭驻沪总领事莱奥纳多·奥利维拉（Leonardo Olivera）陪同下访问上海外国语大学。利维罗夫先生在国际教育中心报告厅为上外师生开展了题为"乌拉圭：丝绸之路拉美最好的平台"的讲座。乌拉圭旅游部副部长本杰明·利维罗夫先生与驻沪总领事莱奥纳多·奥利维拉先生来访上外，不仅加深了上外学生对于乌拉圭的了解，使上外学子为未来成为中国与拉美以及中国与世界的交流使者做好准备，同时也为上外进一步加强与拉美地区人文交流和教育合作积累了宝贵的经验。

十一　巴拿马

（一）中国与巴拿马教育合作回顾

巴拿马是中国与美洲发展经贸的重要枢纽和中转站。从国土面积和人口规模看，巴拿马虽然只有 7 万余平方公里、400 多万人口，属于小国，但其地理位置独特，不仅衔接南北美洲，而且还是世界航空和海运的枢纽，其连通大西洋与太平洋的巴拿马运河，是世界上最重要的运河之一，被称为黄金水道。

2007 年 12 月 5 日，广东省海外交流协会赠送巴拿马中巴文化中心"中山学校"一批有关中国历史、文化等方面的书籍。近年来，中巴两国间经济、文化等方面的交往快速发展。为适应这种发展形势的需要，促进中国与巴拿马在文化、教育等领域的交流与合作，广东省海外交流协会于 2007 年 10 月积极促成了广东省中山市"中山纪念中学"与巴拿马中巴文化中心"中山学校"结成"姐妹学习"关系。同时，为使巴拿马人民尤其是当地侨胞更好地了解中国的历史、文化以及近年来中国的发展变化，广东省海外交流协会特选择了 500 册图书赠送"中山学校"。

2011 年 7 月 20 日，作为 Laureate Hospitality Education（LHE）的一员，格里昂酒店管理大学（GIHE）与巴拿马政府的教育机

构续签了合作协议。双方的签约仪式于瑞士格里昂举行。①

图 18　双方的签约仪式

左：Sonia de Luzcando，Arie A. J. van der Spek，Eusebia Moran.

右：Michael Huckaby，Aixa Maria Diaz Granados De Quintero.

　　2011 年 8 月 3 日，中远巴拿马公司张福存总经理在中远集运授权下，在巴拿马海事大学与该校校长兼校董事会主席路易斯·雷蒙签署了《巴拿马海事大学毕业生上中远船舶实习的协议书》。该协议有效期为 3 年。② 协议签署后，中远集运将向巴拿马海事大学毕业生提供相关远洋船舶进行实习活动。中远在 3 年内，可为近 50 名巴拿马海事大学毕业生提供上船实习的机会。2006 年中远捐赠的轮机模拟实验室、2009 年中远资助修建被大火焚毁的校舍等。这是中远集团与本届巴拿马政府间的合作协议，标志着中远集团对巴拿马海运事业的持续支持与帮助。

---

　　① 格里昂酒店管理大学与巴拿马政府教育机构续签合作协议［EB/OL］，http：//blog. sina. com. cn/s/blog_ 599739450100thlb. html，2011 – 07 – 20。

　　② 中国巴拿马贸易发展办事处：中远与巴拿马海事大学签署合作协议［EB/OL］，ht-tp：//panama. mofcom. gov. cn/article/jmxw/201108/20110807678906. shtml，2011 – 08 – 03。

（二）中国与巴拿马教育合作现状

2013 年 7 月 3 日，中国驻巴拿马代表处霍洪海代表在代表处会见了巴拿马大学校长德帕雷德斯博士，双方就两国高等学府间交流和在巴拿马大学设立孔子学院进行了亲切、友好的交谈。德帕雷德斯校长提出巴拿马大学希望与清华大学、北京大学、复旦大学、中国农业大学等高等学府开展高科技领域学术交流与合作。

2014 年 3 月 19 日，中国巴拿马贸易发展办事处王卫华代表前往科隆参观拉沙耶国际学校，就在该校设立中文课程与校方进行了座谈。校长向王卫华介绍，拉沙耶国际学校是世界知名教育机构，已在全球 80 多个国家和地区建立分校，科隆拉沙耶国际学校现有 1200 多名学生，拥有从幼儿园到高中的完整教育体系，是科隆当地最大的全日制学校，目前该校已经在高中阶段开设中文选修课，希望能够得到中国政府的支持，将该校的中文教育扩大至小学。王卫华对拉沙耶学校在科隆市教育界首开中文教学先河表示赞赏和感谢，并表示将会积极联系中国国家汉办向该校派遣中文教师，以支持学校扩大中文教学规模，加强双方教育文化交流工作。

2015 年 8 月 4 日，经中国孔子学院总部批准，巴拿马大学与中国孔子学院总部联合设立孔子学院的协议由该校校长古斯塔沃·加西亚正式签署。签字仪式在校长室举行。中国巴拿马贸易发展办事处代表王卫华、巴拿马大学秘书长坎达内多、该校国际合作部主任罗曼等出席签字仪式。

2015 年 8 月 15 日，中国巴拿马贸易发展办事处代表王卫华夫妇举行冷餐招待会，为 13 名获得中国政府奖学金并即将赴华学

习的巴拿马青年送行。巴拿马外交部对外政策司长布斯塔曼德、
该司亚太处长德莱昂、巴拿马中国奖学金生家长协会主席蒙塔涅
斯、巴拿马中国贸易发展办事处副代表豪尔赫·刘、巴拿马赴华
留学归国人员协会主席伊万、各位留学生及其家长应邀出席。这
为鼓励新留学生努力学习中文和其他学业，为中巴友好合作做出
贡献。

图19　王卫华代表同留学生及嘉宾合影

　　2016 年 5 月 13 日，中建美国南美公司中标巴拿马东方科技
大学项目，合同总额 1.76 亿美元。该项目位于巴拿马首都国际机
场附近，总占地面积 11 公顷，建筑面积 11 万平方米，包括教室、
礼堂、健身房、办公室、图书馆及停车场等一系列配套设施。作
为巴拿马政府最为重要的公共项目之一，项目将引入绿色建筑
（LEED）设计理念，通过建立巴拿马第一所具有现代化硬件水平
的专业科技高等院校，为当地社会提供最为优质的科技教育资
源，培育和提高巴拿马青年的综合技能水平。

2016年6月9日下午，驻巴拿马贸易发展办事处代表王卫华出席西南科技大学与巴拿马理工大学合作协议签约仪式。西南科技大学校长陈永灿、巴拿马理工大学校长奥斯卡·拉米雷斯在仪式上正式签署校际合作协议。王代表在仪式上发表讲话指出，近年来中巴关系发展良好，除传统经贸关系外，双方在文化、教育、社会领域的交流合作也不断拓展。本次两校合作协议签署就是一个体现。根据该协议，两校将在师生交流、学术合作及信息交流、讲学和远程教学等领域开展全面合作，还是今年以来继北京第二外国语学院与巴拿马大学就联合设立孔子学院正式协议后，中巴两国高校间签署的第二个校际合作协议，标志着两国教育领域往来的深入发展。希望两校积极落实相关协议，推动各方面交流合作，为加强双方人才培养、进一步提升两国教育质量，增进人民间友好合作共同努力。①

2016年11月7日，由中国华文教育基金会主办，中山市外事侨务局、中山市实验小学、巴拿马仁爱书院承办，完美（中国）有限公司资助的"2016中国华文教育基金会名师南美洲巡讲团"到巴拿马开展讲学培训活动。中国驻巴拿马办事处代表王卫华、领事张慧芬，巴拿马仁爱书院校长钟金生，中国华文教育基金会项目二部主任李晓梅、中山市教体局副科长邹远程、中山市实验小学副校长何利、黄曦煜以及中山市实验小学的教学骨干教师和来自巴拿马城三所中文培训机构的华文教师参加了活动。华文教育不仅仅是一个语言教育问题，也是华侨华人开展中国与住

---

① 驻巴拿马贸易发展办事处代表王卫华出席西南科技大学与巴拿马理工大学合作协议签约仪式 ［EB/OL］，http://www.fmprc.gov.cn/web/zwbd_ 673032/gzhd_ 673042/t1371282.shtml，2016－06－09。

在国文化和教育交流的重要手段。

图20   驻巴拿马贸易发展办事处代表王卫华出席西南科技

大学与巴拿马理工大学合作协议签约仪式

2017年6月13日，巴拿马总统胡安·卡洛斯·巴雷拉（Juan Carlos Varela Rodriguez），在国家电视台《全国新闻联播》节目上，正式向全世界宣布：巴拿马共和国与中华人民共和国建立外交关系。外交部部长王毅同巴拿马副总统兼外长德圣马洛在北京举行会谈并签署《中华人民共和国和巴拿马共和国关于建立外交关系的联合公报》。中巴建交，标志着中国与这个遥远的中美洲国家的关系进入新时期。

2017年6月15日，巴拿马驻中国贸易发展办事处哈恩副代表在中国海员之家戴贤国总经理、福建中洋船务公司郭健康总经理的陪同下走访江苏海事职业技术学院继续教育学院。双方就在江苏海事职业技术学院继续教育学院设立巴拿马船员证书培训中心达成初步合作意向，希望促进双方友谊，实现从海事方面加强中巴双方的民间交流，实现合作共赢。中国海员之家戴贤国总经理、福建中洋船务郭健康总经理介绍了来访的目的，希望将江苏海事职业技术学院建成巴拿马海事局授权的船员值班适应证书培训的授权点，为世界各国船员尤其是第三世界国家船员培训巴拿马船员证书，进一步加强中国海员后补力量的培养。

图 21　驻巴拿马使馆临时代办王卫华为获得 2017 年度

中国政府奖学金的巴拿马留学生钱行

　　2017 年 7 月，在由中华人民共和国商务部主办、华南农业大学承办的"2017 年发展中国家环境友好型肥料的生产施用及示范培训班"中，就有 19 名来自巴拿马的学员。他们将在华农进行为期一个半月的学习和培训。本期培训班共招收了 59 名学员，分别来自亚洲、非洲及美洲的 12 个国家。主要由华农农学院、资源环境学院承担教学工作，全英文授课，培训内容包括有机无机复合肥、控释肥、植物营养学、堆肥技术、无土栽培技术等，并将组织参训学员前往云浮、深圳、江门等地的农业研究机构、公司、企业等进行参观考察。

　　2017 年 8 月 10 日，驻巴拿马使馆临时代办王卫华为获得 2017 年度中国政府奖学金的巴拿马留学生钱行。巴外交部特别项目与国际合作司副司长布罗斯、对外政策司代司长阿雷曼、副总统兼外长助理阿迪亚娜等官员，全体学生和部分家长及前留学生代表、赴华留学生家长协会主席蒙塔涅斯出席。

图22　顾晓园书记与巴拿马大学校长共同为巴拿马大学孔子学院揭牌

巴外交部代表布罗斯表示，巴政府感谢中国政府对巴教育事业的支持，并以中国农历鸡年生机和希望的寓意激励巴方留学生铭记中国政府善意，珍惜在华学习机会，奋发学习，成为建设巴拿马的有用之才。

2017年9月17日，北京第二外国语学院党委书记顾晓园受邀参加了中国驻巴拿马共和国大使馆揭牌仪式，在巴拿马共和国总统巴雷拉、副总统兼外长德圣马洛以及中华人民共和国外交部部长王毅的共同见证下，为巴拿马共和国第一所孔子学院揭牌，宣告巴拿马首家孔子学院正式成立。孔子学院的成立将为当地民众学习汉语、了解中国文化提供宝贵平台，助力巴中文化交流。孔子学院巴方院长巫俊辉介绍说，巴拿马大学孔子学院由巴拿马大学和北京第二外国语学院共同创办，校址就在巴拿马大学校园内。孔子学院的主要任务是汉语教学以及开展文化交流，将开设汉语基础班、初级班和高级班课堂。此外，孔子学院还配有图书馆及视听部。孔子学院教学区的装修工作目前正在紧张进行中，预计年底完工，2018 年初可正式开学。这是中国在海外承办的500 多所孔子学院中最独具历史特色的一所：第一所两国正式建交前就开始筹建的孔子学院；第一所与驻国外正式外交机构即使馆揭牌仪式同时揭牌的孔子学院；也是第一所由所在国总统、副总统兼外长与中国外长同为荣誉见证人的孔子学院。

图 23　巴拿马总统胡安·卡洛斯·巴雷拉·罗德里格斯获授
中国人民大学名誉博士学位

2017 年 9 月 28 日，漳州科技职业学院迎来首位巴拿马学生。漳州科技职业学院是国家教育部备案的福建省唯一一所具备招收台湾学生及海外留学生的高等专科院校。该名巴拿马华裔学生将在这里开启三年的留学生涯，学习茶树栽培及茶叶加工等课程。

2017 年 11 月 17 日，中华人民共和国主席习近平和巴拿马共和国总统胡安·卡洛斯·巴雷拉在北京实现两国元首首次历史性会晤，并发布《中国和巴拿马联合声明》。双方一致肯定，中巴建交开启了两国160多年交往史的新纪元，两国开始携手同行。中巴致力于将彼此关系打造成不同规模、不同国情国家友好合作的典范，以实际行动推动建设相互尊重、公平正义、合作共赢的新型国际关系，推动构建人类命运共同体。习近平主席祝贺巴雷拉总统成功实现巴拿马国家元首对中华人民共和国首次国事访问。巴雷拉总统热情邀请习近平主席早日对巴拿马共和国进行国事访问。①

**图 24　巴拿马总统胡安·卡洛斯·巴雷拉·罗德里格斯
到访中国人民大学并发表演讲**

2017 年 11 月 18 日，巴拿马总统胡安·卡洛斯·巴雷拉·罗德里格斯到访中国人民大学，获授中国人民大学名誉博士学位，同时受聘该校拉美研究中心名誉顾问，并发表演讲。他表示，巴拿马支持并愿意积极参与"一带一路"建设。授予巴雷拉中国人

---

① 新华社北京 11 月 17 日电　中华人民共和国和巴拿马共和国联合声明［EB/OL］，ht-tp：//news. sina. com. cn/c/nd/2017 – 11 –17/doc – ifynwxum3238054. shtml，2017 – 11 –17。

民大学名誉博士学位将促进中国人民大学拉美学科研究，对未来两国交流有重大而深远意义。中国人民大学重视与包括巴拿马在内的拉美国家高等教育合作。截至目前，中国人民大学已与10所拉美国家高校签署校际合作协议。有31名来自拉美国家的学生在中国人民大学学习，其中2名是巴拿马学生。

十二　玻利维亚

（一）中国与玻利维亚教育合作回顾

1985年7月9日，中华人民共和国和玻利维亚共和国建立外交关系。同年9月，中国在玻设使馆；翌年8月，玻在华设使馆。

1992年5月中国在玻圣克鲁斯市设立总领馆（2002年3月降格为领事馆）。

2006年11月22日，玻利维亚与中国签署卫生和教育合作协议。中国将向玻利维亚捐赠近300万美元，让玻利维亚购买用于卫生和教育的设备。莫拉莱斯总统和正在玻利维亚访问的全国人大常委会副委员长顾秀莲出席了签字仪式。第一项协议规定中国提供125万美元用于购买急救设备和计算机。

为大力传播和宣传中国文化，2010年9月1日，中国驻玻利维亚使馆文化处与玻利维亚第一公立大学圣安德烈斯·马约尔大学签署宣传协议，将在有线电视67频道周期播放中国各类文化资料片。此协议的签署，将对玻利维亚广大民众了解和认识中国起到巨大推动作用。圣安德烈斯·马约尔大学已有180年历史，是玻利维亚最著名的公立大学之一。该大学目前拥有两套电视频道，其中有线电视67频道对全国播放，收视率极高。为拓展中国文化宣传层面和范围，通过积极协商和努力工作，双方共同签署合作协议书，在未来长时间内，将共同利用电视平台进行两国文化交流。

协议签署后，中使馆文化处向该校提供了 12 盘纪录片和故事片光盘，将于近期面向玻利维亚全国播放。2011 年 4 月 5 日，驻玻利维亚大使沈智良会见玻教育部长阿吉拉尔，双方就两国教育领域合作交换了意见。沈大使表示，中玻教育领域合作是两国关系的重要组成部分。近年来，玻政府大力推进教育改革，并在教育方面取得了重大成就。中方愿与玻方共同努力，推动两国教育领域合作，增进两国人民之间的友好互信。阿称，中方每年向玻提供留学生名额，并为玻教育部门提供捐赠，为玻提高整体教育水平，特别是改善农村地区教学条件发挥了重要作用，玻方对此表示感谢。玻教育部愿同中方进一步深化合作，学习和借鉴中方经验，提高自身的教学和科研水平。

（二）中国与玻利维亚教育合作现状

2011 年 8 月，配合玻利维亚总统访华的大背景，作为中玻双边文化教育交流的重要成果，孔子学院总部与玻利维亚圣西蒙大学正式签署了"合作设立圣西蒙大学孔子学院的协议"，随后，中国河北外国语职业学院与圣西蒙大学签署了"合作建设圣西蒙大学孔子学院的执行协议"。

2011 年 8 月 11 日，中国人民大学授予正在中国进行访问的玻利维亚总统莫拉莱斯法学名誉博士学位，人民大学校长纪宝成亲自为莫拉莱斯颁发学位证书。纪宝成表示，中玻建交 26 年来，各个领域的交流与合作都取得了积极成果，莫拉莱斯总统在推动玻利维亚经济改革和社会发展各个方面都做出了巨大努力。为表彰他致力于推动国内经济建设和社会发展进程，赞赏他为加强中玻两国友谊做出的杰出贡献，中国人民大学学位评定委员会同意为莫拉莱斯总统申请名誉博士学位，并得到了国务院学位委员会的批准。纪宝成希望莫拉莱斯继续关心、关注和支持中国人民大学的发展。①

2011年9月，圣西蒙大学孔子学院举行揭牌仪式。中国驻玻利维亚大使馆政务参赞王坚、河北省教育厅副厅长闫春来、河北外国语职业学院院长丁国声、圣西蒙大学校长鲁西奥·冈萨雷斯等共同为孔子学院揭牌。来自中国驻玻利维亚大使馆文化处的官员、科恰班巴大学联盟和河北省的教育工作者、当地华人华侨代表和媒体代表参加了揭牌仪式。

2011年10月17日，南美洲大学校长代表团一行访问四川大学，副校长石坚教授会见了南美洲大学校长代表团一行。中国教育国际交流协会美非事务部副主任余有根、泛美高等教育协会常务主任Carmen、巴西、墨西哥、秘鲁、波多黎各、哥斯达黎加、玻利维亚等南美国家知名大学校长、教育组织官员，以及四川大学相关单位负责人参加会见。石坚副校长希望此次前来的各位嘉宾对四川大学的教育事业给予支持和促进，也希望能借此机会，加强学校与南美洲地区高校的联系，推动校际交流、合作科研等方面的合作。

2012年5月22日，第十二届"汉语桥"大学生中文比赛玻利维亚赛区预选赛在玻利维亚科恰班巴市圣西蒙大学文学院报告厅隆重举行。来自玻利维亚圣西蒙大学孔子学院、拉巴斯R. G. A. 语言学院和玻利维亚天主教大学等三支代表队，共8名

---

① 人民大学授予玻利维亚总统莫拉莱斯名誉博士学位［EB/OL］，http：//news. cntv. cn/20110811/119134. shtml，2011 – 08 – 11。

选手参加了比赛。此次比赛由中国驻玻利维亚大使馆主办，玻利维亚圣西蒙大学孔子学院承办。中国驻玻利维亚大使馆临时代办屈浔，玻利维亚圣西蒙大学校长鲁西奥先生，拉中友协主席西美娜女士，圣西蒙大学人文学院院长格瑞迪先生，驻玻利维亚使馆文化处负责人王永安、政治处主任姜涵，圣西蒙大学孔子学院玻方院长格瓦尼先生和中方院长李剑锋等观看了比赛，并为获奖选手颁奖。此次活动系"汉语桥"大学生中文比赛首次落地玻利维亚。经过三个多小时的激烈角逐，圣西蒙大学孔子学院代表队囊括了金、银、铜、最有潜力奖和最佳口才奖。玻利维亚天主教大学代表队获得了最佳才艺奖。

2012年9月，河北外国语职业学院公派教师高娜抵达科恰班巴，正式开始汉语教学。首批招生40名。目前学院有中外方院长各1名，行政秘书1名，汉办公派教师3名，汉办公派志愿者2名，本土教师2名，2013年共招收学生320多名。

2013年9月30日，宁波大学与玻利维亚私立大学签署合作协议。双方将开展互派交换学生、教师交流访问、研究资源共享等领域的合作。此次合作协议是宁波大学与玻利维亚高校签订的第一个协议，标志着宁波大学和南美地区的高等教育合作取得了新的突破。

2015年3月17日下午，玻利维亚驻华大使查卢普先生（Guillermo Jorge Chalup Liendo）等一行四人到北京第二外国语学院访问。近些年来中国和玻利维亚的经济文化交流越来越频繁，为两国高校之间的友好交流提供了更多机会。邱鸣副校长指出，希望今后玻利维亚驻华使馆为二外和玻利维亚高校搭建合作平台，使双方在教学科研等领域展开深入具体的合作。查卢普先生感谢邱鸣副校长的热情欢迎，大使先生一直希望西语学生以后有机会到玻利维亚学习，了解当地文化。此次到访就是向二外学生作关于玻利维亚国家文化的讲座，这也是推进两国高校友好交流的具体举措。

2015年5月7日，驻玻利维亚大使吴元山访问玻苏克雷圣弗朗西斯科·哈维尔大学并同该校校长里韦罗，就两国教育合作、校际交流等交换意见。里希望中国驻玻使馆在该校设立汉语课程问题上予以协助。吴大使表示，加强两国高校间的交流合作有助于增进两国人民特别是青年人之间的相互了解和友谊。关于该校希设立汉语课程事，吴大使表示愿予以积极推动。

2015年7月2日，驻玻利维亚大使吴元山出席玻拉巴斯省政府、圣安德烈斯大学和中国驻玻使馆关于汉语教学合作备忘录的签字仪式。吴大使在致辞中感谢拉省政府和圣安德烈斯大学对汉语教学工作的支持。希望汉语老师和中文班的学生们继续努力，把汉语教学工作开展得更好。该合作备忘录规定自2015年9月至2016年12月期间中国汉语志愿者教师将在圣安德烈斯大学继续开展汉语授课工作。签字仪式后，拉巴斯省政府向吴大使颁发了"教育领域杰出贡献"奖牌。

2015年10月9日，为庆祝中玻两国建交30周年，由中华人民共和国文化部与玻利维亚驻华大使馆主办，中国对外文化集团公司承办的"墨与彩——玻利维亚文化周中玻绘画作品联展"在北京首都图书馆拉开帷幕。黑龙江外国语学院西语系主任助理杨超颖、玻利维亚外籍教师 Paola Daniela Nava Padilla、西班牙外籍教师 Ana Gonzalez Orta 应邀出席。出席此次开幕式的主要来宾还有：玻利维亚驻华大使吉列尔莫·查卢普·连多、中国文化部外联局美大处副处长金梁、中国外交部拉美司参赞张润、中国对外文化集团公司副总经理阎东、北京首都图书馆副馆长李冠南、玻利维亚艺术家罗伯特·玛玛尼·玛玛尼、中国艺术家牟晚秋和牟珊，出席此次开幕式的还有多国驻华使节、拉美驻华机构及首都各界代表。本次活动不仅是落实中玻两国文化交流与合作的重要举措，也是玻利维亚文化周活动框架下的重要组成部分。联展的成功举办将会进一步促进中玻两国文化艺术交流，为中国人民更加直接地了解玻利维亚文化提供了重要的途径。

2016年12月20日，驻玻利维亚大使吴元山，出席在玻圣安德烈斯大学举行的"开展汉语教学合作备忘录"签字仪式。该校汉语教学中心部分师生等近百人，参加了本次活动。吴元山和圣安德烈斯大学校长阿尔瓦拉辛分别致辞，充分肯定近年来中国驻玻使馆同圣安德烈斯大学在汉语教学合作方面，所取得的巨大成绩。希望双方共同努力，不断推动相关合作深入发展。

截至2016年，我国共接收224名玻奖学金生来华留学。

2017年3月28日，玻利维亚争取社会主义运动干部考察团在中联部五局副局级参赞夏琦的陪同下访问中山大学。颜光美副校长在梁銶琚堂与考察团座谈。颜校长表示，中山大学与玻利维亚高校在医科、西语等领域有很大的合作空间，愿与玻利维亚高校在学生交流、海外实习等方面探讨合作机会。①

2017年4月27日，由中国驻玻利维亚使馆主办的中国文化周"汉语角"活动在玻利维亚拉巴斯天主教大学开幕。活动放映了宣传片《中国故事》和《中华之奇》，展示了约300册介绍中

---

① 玻利维亚争取社会主义运动干部考察团来访我校［EB/OL］. http://eao.sysu.edu.cn/news/newslastest/52977.htm，2017-3-28。

国文化的图书。中国驻玻利维亚使馆文化专员刘和保表示，语言是交流的纽带，希望通过此次活动激发同学们学习汉语的热情，让"汉语角"成为该校学生了解中国文化的平台。中国文化周于4月24日至28日在拉巴斯天主教大学中央图书馆举行，其间举办了"中国古村落橱窗图片展"，并滚动播放中国文化宣传片，受到师生的好评。拉巴斯天主教大学行政总监埃尔默说，中国文化源远流长，举办中国文化周对开拓师生视野、增进校际交流有重要意义。

2017年5月11日上午，河北对外经贸职业学院驻玻利维亚圣西蒙大学孔子学院院长赵坤一行七人到达玻利维亚历史最悠久的财经类院校科恰班巴财经学校，庆贺该校成立78周年。庆典上，院长赵坤致辞并赠送了象征团结友谊的中国结。此次活动不仅在玻利维亚人民中展示了中国文化的魅力，而且还促进了中玻人民友谊的发展。

2017年5月23日，驻玻利维亚大使吴元山应约会见玻教育部副部长卡拉斯科等，双方就共同关心的问题交换意见。卡代表玻方欢迎中科院白春礼院长即将率团访玻，希望通过此行进一步加深玻中双方在科技领域的合作。①

2017年9月29日上午，玻利维亚圣西蒙大学孔子学院在苏克雷广场举办庆祝第四届孔子学院日活动，中国驻玻利维亚大使梁宇出席了本次活动。本次庆祝活动分为开幕式和文化体验两部分。圣西蒙大学校长 Juan Rio 先生感谢中国大使馆及孔子学院总部对圣西蒙大学建设孔子学院的支持与帮助，感谢孔子学院提高

---

① 驻玻利维亚大使吴元会见玻教育部副部长卡拉斯科［EB/OL］，http：//www. fmprc. gov. cn/web/wjdt_ 674879/zwbd_ 674895/t1466742. shtml，2017 - 06 - 01。

了圣西蒙大学的国际水平，承诺继续推广汉语教学和中国文化。本次孔子学院日活动持续约五个小时，当地中小学还组织学生集体前来，近千人参与体验。现场 Unitel、Univalle、TV Universitaria、Canal 33 等多家当地电视台直播报道，此次活动成功地向玻利维亚各界展示了汉语教学成果，传播了中国文化。

图 25　驻玻利维亚大使吴元山会见玻教育部副部长卡拉斯科

2017 年 10 月 18 日下午，玻利维亚圣克鲁兹省玻中友协代表团在主席埃尔南多·苏亚雷斯的带领下访问西安外国语大学，随行的有副主席罗森多·巴博里、艾伦·博亚尼奇，秘书长亚历山大·莫斯科索等。中国人民对外友好协会、陕西人民对外友好协会相关人员陪同来访。

西安外国语大学校长王军哲在会谈中致辞，他首先代表学校向玻利维亚圣克鲁兹省玻中友协代表团的首次来访表示热烈欢迎。他说，现代科技文明给人民的生活带来了便利，也使我国与南美洲这片遥远而富有神奇色彩的土地更加紧密地联系。他表

图 26　西安外国语大学校长王军哲与玻利维亚圣
克鲁兹省玻中友协代表团进行座谈交流

示，我国与南美洲的经济往来日益密切，急需更多精通西班牙语
并了解拉美文化的专业人才，语言是沟通的媒介，通过语言的交
流才能更好地实现双方宽领域的合作。所以，他殷切希望能在玻
利维亚圣克鲁兹省玻中友协的协助下，与玻利维亚高等院校开展
合作，更好地为年轻人打造平台并致力于加深对拉美地区的人文
研究，培养更多语言水平扎实、专业技能过硬的复合型人才。①

①　玻利维亚圣克鲁兹省玻中友协代表团访问西安外国语大学 ［EB/OL］，http：//
www.xisu.edu.cn/info/1080/10729.htm，2017 - 10 - 18。

第 五 章

中拉留学人员培养结构与布局现状

第一节　拉美来华留学生交流与培养现状

拉美地区因局势动荡、毒枭泛滥等问题长期饱受各界争议，不少人会对其社会环境有片面认识。但不少身在拉美的中国学子却有着不同的看法，他们曾不惜跨越太平洋，长途跋涉来到拉美求学。近年来，中国和拉美国家相互之间留学生交流越来越频繁。中国迄今已向 31 个拉美国家提供政府奖学金名额，共有约3200 名拉美国家留学生接受中国政府奖学金来华学习，其中 1600多名留学生正在中国学习。也有越来越多的中国学生和拉美学生开始选择自费赴拉和来华留学。双方的交流还处在起步阶段，双方留学生的交流和增长的空间还很大。

2002—2015 年，中国政府奖学金留学生人数统计见表 6，全世界各国在华奖学金生的总数从 6074 人增至 40600 人，增幅为85.04%；美洲国家在华奖学金生的总数从 281 人增至 3568 人，增幅为 92.12%；拉美国家在华奖学金生的总数从 163 人增至1746 人，增幅为 90.66%。

表6　　　　　　中国政府奖学金留学生人数统计[①]

年份	世界	美洲	拉美加勒比
2002	6074	281	163
2003	6153	305	179
2004	6715	394	196
2005	7218	506	253
2006	8484	661	423
2007	10151	954	652
2008	13516	1221	840
2009	18245	1599	1042
2010	22390	1761	1078
2011	25687	1960	1129
2012	28768	2212	1208
2013	33322	2892	1442
2014	36943	3157	1634
2015	40600	3568	1746

第二节　我国赴拉美留学人员培养
结构与布局现状

一　赴拉美地区留学人员基本情况分析

根据相关驻外使馆报回的留学统计数据，2008—2014 年中国赴拉美地区各类留学人员情况如表 7、图 27 所示：

---

① 数据来源：《2015 年全国来华留学统计年鉴》。

表7　　　　　　　　2008—2014 年赴拉美地区留学人员统计表①

留学类型人员分类	高研	普访	博士后	博士	硕士	本科	专科	预科	其他	总计
国家公派	10	30	7	15	14	496	0	1689	68	2329
单位公派	12	9	2	2	17	161	0	0	124	327
自费留学	27	5	1	0	66	224	109	698	306	1436
总计	49	44	10	17	97	881	109	2387	498	4092

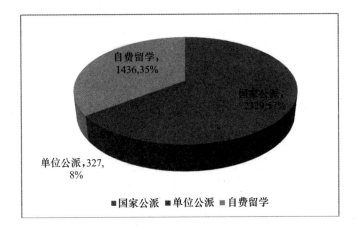

图27　2008—2014 年赴拉美地区留学人员分类统计（单位：人）

2008—2014 年，中国赴拉美地区各类留学人员总计 4092 人。从留学类型看，国家公派人员总计 2329 人，占赴拉留学总人数的57%；单位公派人员总计 327 人，占比 8%；自费留学人员共1436 人，占比 35%。

二　赴拉美地区留学人员类别分析

根据图 28 与图 29，2008—2014 年期间，赴拉美地区的高研

---

① 数据来源：教育部政务办公室。

人员共计 49 人，普访人员共计 44 人。其中国家公派的高研人员
10 人，占比 20%，单位公派的高研人员 12 人，占比 25%，自费
留学的高研人员 27 人，占比 55%；国家公派的普访人员 30 人，
占比 68%，单位公派的普访人员 9 人，占比 21%，自费留学的普
访人员 5 人，占比 11%。

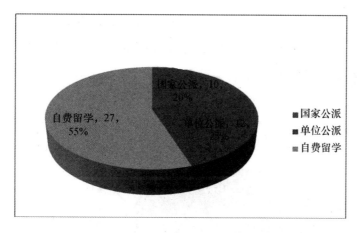

图 28　2008—2014 年赴拉美地区进行高研留学人员分类统计（单位：人）

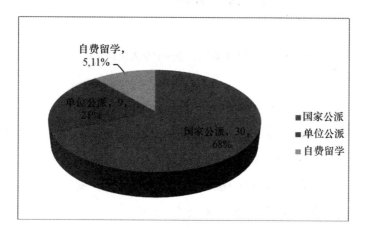

图 29　2008—2014 年赴拉美地区进行普访留学人员分类统计（单位：人）

三　赴拉美地区留学人员学历层次情况

（一）总体情况

2008—2014 年期间，我国赴拉美地区留学人员学历层次主要包括博士后、博士、硕士、本科、专科、预科以及其他类别，共计 3999 人，如下图所示。其中博士后 10 人，占比 0.3%；博士 17 人，占比 0.4%；硕士 97 人，占比 2.4%；本科 881 人，占比 22%；专科 109 人，占比 2.7%；预科 2398 人，占比 59.7%；其他 498 人，占比 12.5%。

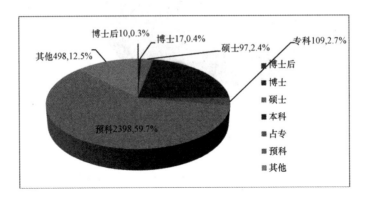

图 30　2008—2014 年赴拉美地区留学人员按学历层次统计

（二）国家公派留学

2008—2014 年赴拉美国家公派留学人员按学历层次统计，共计 2329 人。其中：博士后 7 人，博士 15 人，硕士 14 人，本科 496 人，专科 0 人，预科 1689 人，其他 68 人。预科层次的留学生占了绝大比例，达 75.2%。具体如图 31：

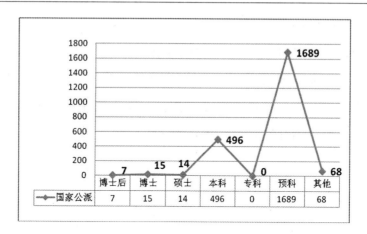

图31 2008—2014 年赴拉美国家公派留学人员按学历层次统计（单位：人）

（三）单位公派留学

2008—2014 年赴拉美单位公派留学人员按学历层次统计，共计327人。其中：博士后2人，博士2人，硕士17人，本科161人，专科0人，预科0人，其他124人。本科层次的留学生占比较大，达49.24%。具体如下图：

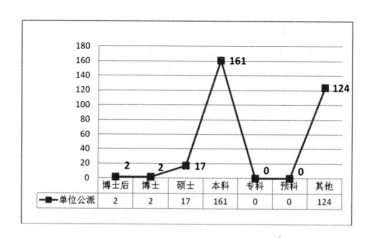

图32 2008—2014 年赴拉美单位公派留学人员按学历层次统计（单位：人）

（四）自费留学

2008—2014 年赴拉美自费留学人员按学历层次统计，共计 1436 人。其中：博士后 1 人，博士 0 人，硕士 66 人，本科 224 人，专科 107 人，预科 698 人，其他 306 人。预科、本科、专科层次的留学生占比较大。具体如图 33：

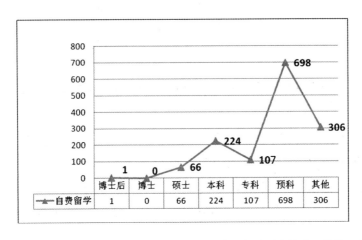

图 33　2008—2014 年赴拉美单位公派留学人员按学历层次统计（单位：人）

四　2013—2015 年度赴拉美地区国家公派留学人员情况

（一）留学身份

2013—2015 年，国家公派赴拉美地区的留学人员共计 345 人。留学身份包括：本科插班生、硕士研究生、博士研究生、联合培养博士研究生、联合培养硕士研究生、访问学者、高级研究学者等。①

---

① 数据来源：国家留学基金委统计数据。

表8 留学身份统计

年份 留学身份	2013	2014	2015	总计
本科插班生	63	74	112	249
硕士研究生	0	0	15	15
博士研究生	1		6	7
联合培养博士研究生	2	3	5	10
联合培养硕士研究生	7	10	14	31
访问学者	12	13	7	32
高级研究学者	0	1	0	1
总计	85	101	159	345

（二）留学国别

2013—2015年，赴拉美地区国家公派留学人员留学国别主要分布在阿根廷、巴西、哥伦比亚、哥斯达黎加、古巴、墨西哥、智利等7个国家。其中墨西哥最多，共192人；巴西47人；哥伦比亚43人；哥斯达黎加19人；古巴17人；智利17人；阿根廷10人。古巴有两个项目，一是双方每年交换留学生，二是卡斯特罗在任时提出的"穷人帮助穷人计划"，连续四年或每年向我国提供1000多个奖学金的名额，刚开始只派出了600多人，现在有1000多人，主要学习医学和西班牙语专业。

表9 2013—2015年赴拉美地区国家公派留学人员留学国别分布

年份 留学国别	2013	2014	2015	总计
阿根廷	0	3	7	10
巴西	7	12	28	47
哥伦比亚	6	17	20	43
哥斯达黎加	7	6	6	19

续表

留学国别＼年份	2013	2014	2015	总计
古巴	1	0	16	17
墨西哥	60	58	74	192
智利	4	5	8	17
总计	85	101	159	345

（三）留学项目

2013—2015 年期间，赴拉美地区国家公派留学的项目包括：与有关国家互换奖学金计划、优秀本科生国际交流项目、国际区域问题研究及外语高层次人才培养项目、与行业部门合作项目、国家公派硕士研究生项目、国外合作项目、国家建设高水平大学公派研究生项目、青年骨干教师出国研修项目、国家公派高级研究学者及访问学者（含博士后）项目、地方合作项目、西部地区人才培养特别项目等。

与有关国家互换奖学金计划共涉及 157 人，其中：哥伦比亚互换奖学金 43 人，墨西哥互换奖学金 113 人。

优秀本科生国际交流项目共计 64 人，派出渠道包括：安徽大学与智利圣托马斯大学本科生交流项目；北京航空航天大学与巴西圣保罗大学本科生交流项目；对外经济贸易大学与墨西哥国立自治大学、墨西哥蒙特瑞伊科技研究学院优秀本科生国际交流项目；广东外语外贸大学与巴西圣保罗大学葡萄牙语复合型人才交流项目；华东师范大学与智利圣托马斯大学"拔尖创新人才"本科生交流项目；上海外国语大学与墨西哥瓜达拉哈拉自治大学；墨西哥普埃布拉人民自治大学西班牙语专业本科生交流项目；天津大学与巴西圣保罗大学本科生交流项目；西班牙语国际化拔尖人才培养项目；浙江外国语学院汉语国际教育专业学生赴墨西哥齐瓦瓦自治大学实习项目、旅游管理（西语方向）专业学生赴墨西哥公立科利马大学学习项目；中国政法大学与阿根廷奥斯特拉尔大学优秀本科生国际交流项目、与墨西哥国立自治大学优秀本科生国际交流项目。

国际区域问题研究及外语高层次人才培养项目共计 52 人，主要派出渠道包括哥斯达黎加大学互换奖学金、国别与区域研究人才、国家留学基金委与哥斯达黎加大学联合奖学金、外语人才等项目。

与行业部门合作项目共计 19 人，主要配出渠道为外交部出国留学专项奖学金和优秀国际新闻传播硕士研究生赴海外实习项目。

国家公派硕士研究生项目共计 16 人，主要派出渠道是古巴医学与护理专业毕业生硕士项目。

表 10　　2013—2015 年赴拉美地区国家公派留学项目统计

年份 项目名称	2013	2014	2015	总计
与有关国家互换奖学金计划	40	55	62	157
优秀本科生国际交流项目	7	21	36	64
国际区域问题研究及外语高层次人才培养项目	20	14	18	52
与行业部门合作项目	11	2	6	19
国家公派硕士研究生项目	0	0	16	16
国外合作项目	2	0	14	16
国家建设高水平大学公派研究生项目	2	2	4	8
青年骨干教师出国研修项目	1	3	1	5
国家公派高级研究学者及访问学者（含博士后）项目	0	3	1	4
地方合作项目	1	1	0	2
西部地区人才培养特别项目	1	0	1	2
总计	85	101	159	345

（四）留学年限

2013—2015 年期间，赴拉美地区国家公派留学人员的留学年限包括三个月至一年、两年、三年以及四年。留学年限为两年至三年的主要为国家公派硕士研究生项目（古巴医学与护理专业毕业生硕士项目），共涉及 15 人；留学年限为四年的主要为国家建设高水平大学公派研究生项目（博士研究生）项目，共涉及 5 人。与有关国家互换奖学金计划、优秀本科生国际交流项目、国际区域问题研究及外语高层次人才培养项目以及与行业部门合作项目留学年限一般为 10 个月至 12 个月。

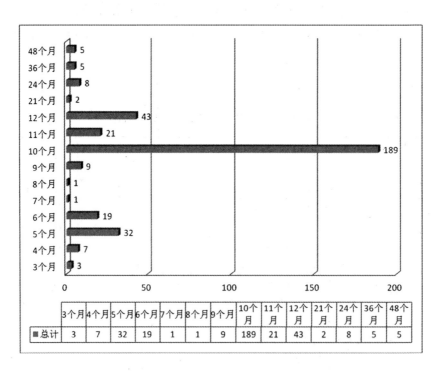

	3个月	4个月	5个月	6个月	7个月	8个月	9个月	10个月	11个月	12个月	21个月	24个月	36个月	48个月
■总计	3	7	32	19	1	1	9	189	21	43	2	8	5	5

图34　2013—2015 年赴拉美地区国家公派留学年限分布

表 11　　　　　2013—2015 年赴拉美地区国家公派留学年限统计

留学时间（月） / 国别	阿根廷	巴西	哥伦比亚	哥斯达黎加	古巴	墨西哥	智利	总计
3	1	1	0	0	0	1	0	3
4	0	3	0	0	0	4	0	7
5	4	3	0	14	0	11	0	32
6	0	2	0	3	0	12	2	19
7	0	0	0	0	0	0	1	1
8	1	0	0	0	0	0	0	1
9	0	0	0	0	0	8	1	9
10	1	19	35	1	0	129	4	189
11	0	12	0	0	0	4	5	21
12	2	2	8	1	3	23	4	43
21	0	0	0	0	2	0	0	2
24	0	1	0	0	7	0	0	8
36	0	0	0	0	5	0	0	5
48	1	4	0	0	0	0	0	5
总计	10	47	43	19	17	192	17	345

第三节　中拉留学人员培养结构与
布局存在问题及原因分析

一　赴拉美留学人员的绝对比例低，留学国家覆盖面不足

教育部发布了 2014 年度我国出国留学人员情况。据统计，2014 年度我国出国留学人员总数为 45.98 万人。

据美国国际教育研究所（IIE）发布的《2014 美国门户开放报告》数据，2014 年有 27.44 万人赴美留学，同比增长 16.5%，从总量来说，赴美留学生占出国留学总人数近 60%，我国是美国

最大的留学生来源国。

据英国文化教育协会统计，2014 年有 6.4 万名中国学生赴英国长期留学（即不含短期交流和游学等项目的人数）。澳大利亚驻华使馆在 2014 年发放的留学签证约为 2.1 万。据加拿大驻华使馆统计，2014 年加拿大共发出约 10.4 万份国际留学生签证，中国仍是加拿大第一大留学生来源国。据法国高等教育署官方数据，2014 年共发放了超过 1 万份法国留学签证。据德意志学术交流中心（DAAD），2014 年共有约 1.4 万名中国学生递交了 APS 审核申请，而德国驻华使馆发放的留学签证约为 1.18 万份。2014 年意大利驻华使领馆共发放约 9500 份留学签证，其中就读公立大学学位课程的学生人数超过 4000 人。而根据我国教育部政务办公室统计，2014 年我国赴拉丁美洲留学总人数约 600 人，规模仍然很小，且国别集中度高，其中古巴、墨西哥、哥斯达黎加等国因为有政府交换项目，情况相对好些。就专业而言，主要集中在西班牙语和本科学习，还有 20 多个拉美国家没有公派留学项目。目前，拉美国家留学生来华留学积极踊跃，而中国学生（西班牙语、葡萄牙语专业学生除外）赴拉美留学的热情明显不足，特别在执行校际交流协议时，拉美国家学生来华积极性很高，但中方向拉美国家派出学生的难度很大。

分析其主要影响因素及原因包括：

（一）受传统的"名校情结"影响

拉美地区吸引力不足，世界一流高校较少。另外距离较远，学生家长对地区环境不了解。在留学国家的选择上，学生和家长仍钟情于老牌留学国家。《2016 年留学白皮书》显示，美国、英国、加拿大、澳大利亚是每年不变的主要留学目的地。这一方面

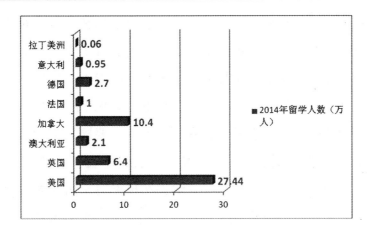

图 35　各国留学人员数量统计

说明传统的"名校情结"在影响着中国学生和家长，另一方面也证明中国学生在申请国外优质院校时仍然具有与学校排名相当的实力。

拉美地区前 200 所大学中 65 所在巴西，35 所在墨西哥，25 所在阿根廷，25 所在智利，21 所在哥伦比亚。根据 2016 年 QS 拉丁美洲大学排名，在 top150 大学中，巴西以 29% 的绝对优势占据排行榜首位，阿根廷占 16%，墨西哥占 14%，智利占 12%，哥伦比亚占 11%，波多黎各、巴拉圭、玻利维亚则各有一所学校进入 top150。在这些大学中，阿根廷的布宜诺斯艾利斯大学位列世界顶尖高校的第 124 名，巴西的圣保罗大学位列第 143 名，墨西哥国立自治大学位列第 160 名，智利天主教大学位列第 170 名。2016 年 QS 亚洲大学排行榜除了综合考察大学在科研、教学、毕业生就业、国际化、学术影响力等九个指标，还新增了拥有博士学位教职工比例的指标，权重占 5%。[①]

---

①　《2016QS 拉丁美洲大学排行榜 top150 最新发布》，http：//www.igo.cn/liuxue/ranking/~20160615199723.shtml。

拉美高教表现落后的原因之一在于除了如智利、巴西圣保罗州等少数的特例之外，各国中央及地方政府对于大学提供的财政支援普遍过低，这使得学校缺乏学术研究的能力，比如韩国的高教支出占 GDP 的 2.6%，墨西哥及阿根廷却仅有 1.4%。其次，拉美各国的高教资源都投注在国内少数的主要国立大学，而这些学校的学生数量往往过高，导致基础设施的花费占去大部分经费，上层结构则自然受到忽视。学生在拉美国家用同样时间修得的学位，回国后的市场竞争力远不如在欧洲、北美国家或日本高校获得的学位。

（二）受西班牙语、葡萄牙语等语种影响

西班牙语是通向拉丁美洲的桥梁，由于拉丁美洲等国英语普及率较低，师生面临语言障碍，造成学习、生活上的极大不便。随着"一带一路"倡议及"中国—拉共体论坛"所涉及的国家与中国的联系日益紧密，非通用外语人才将逐渐走俏。2014 年，中国携手拉美和加勒比国家成立"中国—拉共体论坛"成立之后，中拉贸易的巨大潜力将催生国内对西班牙语、葡萄牙语等非通用语种人才的需求。

不过，国内学习"小语种"的人数却不容乐观。以西班牙语为例，全球 4 亿人以西班牙语为母语，西班牙语是全世界除汉语之外最大的母语语种。美国有 600 万人在学习西班牙语，法国 200 万人，德国 50 万人。而中国的西班牙语学习者不足 2.5 万人，远不能满足经贸增长对语言人才的需求。可以预见，西班牙、葡萄牙等非通用语种国家和地区将成为未来几年我国留学生抢滩的热点区域。

据了解，目前或曾经在拉美地区交换学习的中国学子，大多数来自国内大学与拉美高校的校际交流合作项目或留学基金委奖学金项目。由于语言专业训练与提高需要，通常西班牙语或葡萄牙语专业的学子将有前往国外交换学习的机会，为期半年至一年。国内缺乏充分了解拉美历史和文化的人才，精通西班牙语、葡萄牙语的教师较少，这成为和拉美国家沟通与交流的障碍。

（三）受拉美地区社会、政治、经济状况影响

拉美国家普遍存在政治超前、经济滞后的现象，物价偏高而贫富差距大，未能处理好社会、国家、市场关系。拉美地区内部，各个国家的社会经济状况与高等教育水平千差万别，在国际化方面必然存在发展的不平衡性。一些相对富裕的国家，国际化活动比较普遍。而一些贫穷国家，国际化还主要停留在国际合作与援助等传统内容上。国内院校之间的国际化发展程度也存在不平衡性。即使在同一国家内部，由于地区经济发展的不平衡，高等教育的国际化程度也极不平衡。如何利用国际化追赶并超越发展，是摆在拉美各国教育发展战略之中的重要课题。这些情况都会导致赴拉美地区留学人员减少。

（四）受学历互认、学分互换制度影响

在拉美地区的高校中，在海外留学取得的学分存在换算困难的问题，特别是在一些国际合作项目开展较晚、交换留学历史较短的大学，学分互换制度的不完善尤其严重。而且学分认定审查制度几乎没有弹性，由于学分的计算方法、课时数、评价标准不同，或者在拉美国家学习的科目无法与本校的科目相吻合，很多在拉美国家获得的学分无法换算成本国的学分。

二　赴拉美地区留学人员学历层次分布不均衡，留学类别单一，高端复合型人才缺乏

2008—2014 年期间，我国赴拉美地区留学人员学历层次主要包括博士后、博士、硕士、本科、专科、预科以及其他类别，共计 3999 人。其中博士后 10 人，占比 0.3%；博士 17 人，占比 0.4%；硕士 97 人，占比 2.4%；本科 881 人，占比 22%；专科 109 人，占比 2.7%；预科 2398 人（主要集中为古巴班学生），占比 59.7%；其他 498 人，占比 12.5%。其中预科人数占比最大，而博士后、博士等高层次人才占比极小。国家公派留学类别单一，主要是西班牙语专业的本科生，插班学习一年。读硕士和博士以及其他专业的学生都很少。

赴拉美留学的高端复合型人才缺乏的主要原因：

一是近年国家留学基金资助出国留学项目中新设立了"高级研究者项目"，提高了资助标准，但资助面还很窄，资助人数还很少。人员多数的"访问者项目"的资助标准仍然较低，这就难以吸引大批的优秀人员申请国家留学基金。

二是从国家留学基金的申请及录取情况看，资助对象主要集中在高等院校和科研机构，而政府部门、产业部门及其他部门的人员很少，这就使国家留学资源的受益者相对集中，未能满足其他行业对国家公派出国留学的需求。此外，目前国家留学基金资助的学科范围是经专家审定的，但对人文学科、外语及法律、管理等专业的资助比例仍然偏小。

三　政府财政对赴拉美地区留学人员的投入不足

（一）国家对赴拉美公派留学人员奖学金资助标准偏低

根据财政部、教育部《关于调整国家公派留学人员奖学金资

助标准的通知》，赴墨西哥、哥伦比亚、古巴、巴西、智利、哥斯达黎加和阿根廷等拉美国家的高级研究学者、访问学者、研究生和本科生奖学金资助标准分别是 1100 美元、600 美元、550 美元和 500 美元。其中，墨西哥、哥伦比亚为三类艰苦地区，留学人员享有 300 美元的艰苦补贴，古巴为一类艰苦地区，留学人员享有 100 美元的艰苦补贴。拉美国家的物价水平并不低，目前国家提供的奖学金除墨西哥等含有艰苦地区补贴的国家能支付留学费用外，巴西、智利和阿根廷等国均不能满足日常的衣食住行等方面的支出。

（二）拉美国家提供的政府奖学金名额偏少，其申请难度大

以 2015 年秘鲁政府奖学金生为例，秘方将为中方提供两名攻读硕士或博士学位的奖学金名额。但是奖学金生遴选人选条件中要求："申请人须具有良好的专业基础和发展潜力，并具备良好的西语水平（DELE 考试 B1 级及以上）。"这一条件将大大压低申请者的数量。

留学或研修的重点资助领域也具有一定局限性。如，根据中哥政府有关教育文化交流协议，双方每年互换奖学金留学人员，前往对方国家学习或研修。2015 年哥伦比亚互换奖学金中以本科/硕士插班生方式进行资助，重点资助学科、专业领域为哥伦比亚语言文化。

四 中拉校际交流协议落实不到位，联合培养和双学位项目执行困难

拉美有大批学生热切希望来华留学，许多拉美大学也在积极寻求与我国大学合作。中国大学生正在出现闯荡拉美的热情。障

碍主要是我国大学不具备促进中拉关系的利益和职能,西语系的毕业生非常稀少,而且西班牙语也未被列入全国研究生考试的外语语种,使西语毕业生深造无路。

另外,我国高校与拉美高校签订了校际交流合作框架协议,但是在实施过程中,协议的落实程度较低,交流与合作多停留在表面,双方实质性、深层次的合作,如合办专业、合建实验室、联合科技攻关等项目还没有深入开展起来。

此外,中拉两国高校教育体制的差异给双方的合作与交流,特别是对联合培养学生的项目造成很大障碍。拉美部分高校具有独立授予学位的资格,而中方高校的学位授予计划需报送国务院学位办审批,这在一定程度上给双方开展双学位项目造成了障碍。

五　中拉合作与交流学科领域不均衡,来华留学生层次参差不齐

目前,中拉教育合作与交流的学科主要集中在人文社会科学领域,自然科学领域很少涉及。从国家留学基金的申请及录取情况看,资助对象主要集中在高等院校和科研机构,而政府部门、产业部门及其他部门的人员很少,这就使国家留学资源的受益者相对集中,未能满足其他行业对国家公派出国留学的需求。

近年来,拉美来华留学生数量呈现大幅增长趋势,但学生的层次普遍偏低,主要为本科生和语言进修生,硕士、博士研究生数量较少,且这些本科生的素质相对拉美流向欧美、日本等发达国家和留在本国一流大学的生源来说,也普遍素质较差。这些学生的汉语和英语交流能力较差,接受高层次专业教育有很大困

难，特别是在对硕士、博士研究生的专业指导中，指导教授的工作难度很大。

六　缺乏有效的赴拉美留学生的跟踪管理机制

尽管当前有多家机构从事对赴拉美留学生入学、毕业和就业的调查和研究，但是尚未有机构能够提供出准确全面的跟踪统计数据。这使得政府和相关部门对赴拉美留学生与国内学生、高校和劳动力市场之间的关系把握充满了不确定性。

第 六 章

中拉留学人员交流与培养
展望及政策建议

在当前中拉领导人宣布成立论坛、确立合作框架、提出产能合作等背景下，中拉教育交流与合作已经站在新起点，面临新形势、新机遇和新挑战。

第一节　中拉留学人员交流展望

2015 年，国家出台了《2015—2017 留学工作行动计划》，要加大对尖端人才、国际组织人才、非通用语种人才、来华青年杰出人才、国别和区域研究人才等五类人才培养力度。尤其我国在非通用语种、国际组织等方面面临人才储备不足的问题。随着中国—拉共体论坛机制正式启动，"一带一路"和"拉共体"带来的留学新契机，无论是青年留学生奖学金，还是中国的"拉美热"和拉美的"中国热"持续升温，都预示着中国和拉美将迎来双方关系发展的新起点、新平台和新机遇。

随着中拉论坛的成立，中拉双方都在加大力度促进教育交流与合作，在未来五年内，中国将向拉美和加勒比国家提供6000个政府奖学金名额，6000个赴华培训名额及400个在职硕士名额。拉美国家也有派更多留学生来华的计划。中拉双方教育交流与合作持续扩大。

中国与拉丁美洲国家的教育交流与合作是中国国际教育交流与合作的重要组成部分，同时也是中国对外关系特别是对拉丁美洲外交关系的一个不可缺少的组成部分。在与拉丁美洲国家的教育交流与合作上，中国政府做出的努力是建设学校、提供教学仪器和资料、派遣教师、培训拉美国家教师、为拉美国家的学生提供奖学金等；拉美国家则主要是进行汉语教学研究，拓宽校际合作的领域、不断增加派遣留学生的数量等。这既能促进拉丁美洲国家教育的发展，又能开拓中国国家教育的新领域。"平等"是双方的教育交流与合作的前提，而"双赢"促使中拉教育交流与合作持续下去，获得更大的发展。因此，建立平等和双赢的关系才能从根本上促进中拉教育交流与合作的发展。

第二节　中国赴拉美地区人才培养结构与布局政策建议

相比于留学欧美国家，拉丁美洲地区具有留学申请难度更低、学习费用和生活开支更低、作为新兴留学地语言环境更纯粹等优势。现对中国赴拉美地区人才培养结构与布局提出如下政策建议：

一　科学规划、积极探索我国赴拉美地区多样化人才培养途径

（一）加强外语非通用语种人才的培养力度

近年来，我国在非通用语种人才培养工作方面取得了一定的成绩，也积累了宝贵的经验，但也存在着一些亟待解决的突出问题。主要是非通用语种专业开设不全，相应的人才匮乏，人才培养机制单一，师生去对象国学习的积极性不高等。为此教育部在2015年出台了《教育部关于外语非通用语种人才培养工作的实施意见》。以重点突破和整体推进国内培养和国际合作人才培养和人才使用相结合的原则，从改进招生、完善标准、创新机制、建设教师队伍、改进储备和使用等各方面推进外语非通用语种人才的培养。具体到拉美地区，应根据国家公派留学的基本安排，结合非通用语种人才的需要，逐步扩大拉美地区相关非通用语种专业的学生、教师公派留学的规模和专业覆盖面。为更好地服务国家的外交战略和"走出去"战略提供强有力的人才支撑。

（二）积极推进区域和国别研究人才培养

积极开展拉美国家重点领域的研究，为国家制定发展战略、政策措施提供智力支持、决策咨询、理论探讨和实践分析。应大力推进青年骨干教师、研究生、本科生赴拉美项目实施工作，增加赴拉美地区学习的名额和资助力度。

逐步加大对拉美地区选派留学人员的力度，积极推进国别和区域研究人才的培养，支持高等学校、单位和国家留学基金配套资助相关专业的师生出国留学，成梯队地培养智库人才。支持相关研究机构研究人员带课题去国外学习进修，培养将来能充实到研究队伍中的后辈人才。鼓励学习西班牙语、葡萄牙语专业的学

生去拉美留学而不要局限于西班牙、葡萄牙等发达国家，以便充分利用拉美国家资源。

（三）设立拉美培训机构，培育"以创促研"的良性循环机制

我国进一步改革开放的大环境，特别是在"一带一路"合作倡议下，中国企业将更多地到"一带一路"沿线国家投资。因此，既熟悉当地情况又了解中国文化的人才极为短缺。互派留学生是培养人才的最佳方式。尽管拉美地区没有直接包含在"一带一路"沿线国家，但其战略位置（美国的后院）及其丰富的能源、矿产、农业等资源禀赋，仍将在中国对外开放和驾驭"国内外两个市场、两种资源"的既定进程中具有越来越突出的重要性。国家以及相关部门要在政策环境、资金信贷、法律法规等方面对投资单位加以引导并为其探索和创新企业制度，提升企业在该地区经营等各方面能力提供必要的技持。已拥有"拉美"相关专业的高校以及研究中心应设立培训机构，定期或不定期为各投资单位提供委托培训，并以实用性、专业性、长期性为目标，从而培育"以创促研"的良性循环机制。

二　拓展赴拉美地区留学类别及选派专业，最大限度地满足国家的战略需求

（一）支持西语教师赴拉美访学、调研以及攻读博士学位

目前全国西语师资薄弱，博士学历人员以及副高以上职称人员较少，且绝大多数教师曾赴西班牙而非拉美留学。因此，西语教师对广大拉美地区也不了解，所教授的西班牙语也属于西班牙式而非拉美式。

留学基金委应加强对全国西语教师出国访学、调研以及攻读

博士学位的支持。让西班牙语教师能够切身实地地感受拉美风俗人文，回国后给广大学生讲述自己的切身体会，对学生和家长进行引导，让他们抛弃对拉美的误解，最后能让大多数学生选择赴拉美学习。

（二）国际区域问题研究及外语高层次人才培养项目再次向西语专业倾斜

西班牙语并不属于非通用语种范畴，因此从 2014 年开始西班牙语专业师生不能再申报国际区域问题研究及外语高层次人才培养项目。中拉高层领导往来频繁、双边贸易不断发展，经济交往密切，但中拉人文交流、拉美区域问题研究以及西班牙语高层次人才培养等远远落后于中拉双边的政治、经济交流。建议西班牙语专业师生能再次参与国际区域问题研究及外语高层次人才培养项目，为国家储备和培养一批熟悉拉美和西语的高层次复合型人才。

（三）加大短期派出项目的力度

加大短期派出项目的力度，鼓励更多教师赴拉美访问、短期进修或开展短期合作研究；组织学生参加短期班，赴拉美学习，进而促进中国高校师生对拉美的了解。可考虑实施"教师短期培养计划"，通过教师外语培训、中长期国际学术交流、国外进修、建立海外培训基地等措施，提升教师队伍质量。

（四）放开国际留学生实习限制，推进赴拉"海外实习"项目

可考虑放宽来华留学优秀毕业生的实习工作政策，允许拉美留学毕业生留华工作和生活。根据我国现行的留学政策，外籍留学生毕业以后不能直接在我国就业或创业。这在一定程度上，屏

蔽了具有创新创业潜力的外国人才苗子。建议顺应世界人才国际化流动的趋势，放开外籍优秀留学生在华就业和创业的限制。同时，放开国际留学生实习限制。

目前国内主要有三类海外实习项目。第一类是商业类项目，基本内容为加入当地公司，从事金融投资、管理咨询、市场营销、项目管理、财会、公共关系、广告等方面的实习工作。如麦肯锡、高盛、宝洁公司等提供的实习项目。第二类是技术类项目，基本内容为加入工程技术类公司，从事信息科技、工程技术、生物医药等相关技术方面的工作。多在著名科技公司、研究机构工作，如Google、IBM等。第三类是发展教育类项目，主要在发展中国家，基本内容为参与当地NGO的活动，致力于解决当地的社会问题或在中小学开展中国文化推广等交流工作。

国家应大力推进赴拉"海外实习"项目，为广大大学生提供的赴拉美国家各个企业接受相关职业培训机会。可以根据各自的兴趣和专长，进入拉美企业带薪实习培训，以加强实习生本身的工作技能，积累海外工作经验，增强职业竞争力。

三 拓宽经费渠道，设立奖助基金

（一）改善拉美地区国家公派留学人员奖学金资助标准

根据财政部、教育部《关于调整国家公派留学人员奖学金资助标准的通知》，赴墨西哥、哥伦比亚、古巴、巴西、智利、哥斯达黎加和阿根廷等拉美国家的高级研究学者、访问学者、研究生和本科生奖学金资助标准分别是1100美元、600美元、550美元和500美元。其中，墨西哥、哥伦比亚为三类艰苦地区，留学人员享有300美元的艰苦补贴，古巴为一类艰苦地区，留学人员享有 100 美元的艰苦补贴。

拉美国家的物价水平并不低，目前国家提供的奖学金除墨西哥等含有艰苦地区补贴的国家能支付留学费用外，在巴西、智利和阿根廷等国均不能满足日常的衣食住行等方面的支出。因此，师生更愿意前往墨西哥等经费更高的国别。建议教育部能根据拉美当下的物价情况，重新制定拉美各国的奖学金生活标准，以便吸引广大师生赴拉美留学。

改变目前单一的国家留学基金形式，动员社会各界参与，采取多种形式，建立多种出国留学基金，资助无法得到国家资助和外方资助的人员，解决出国留学教育中存在的问题。除奖学金外，应针对优秀自费留学生给予更多扶持，例如提供留学费用贷款和留学中后期资助等。

鼓励国内社会力量，包括企业、事业单位、社会组织设立赴拉美地区留学教育基金，使出国留学教育向"基金化"方向发展，"基金化"向"多样化"方向发展。可以设立与地方、部门合作项目，共同资助，为地方、部门培养急需人才。用新的机制加强对选派工作的管理，充分调动地方、部门培养急需人才的积极性，以充分使用好国家有限的资金。甚至还可以由个人出部分资金，合作派遣。还要积极吸引境外资金，利用它们的资金，根据我方需要，为我国培养经济建设急需的人才。

（二）设立奖助基金，打造合作品牌

中拉教育合作与交流要着眼长远，通过多种形式打造中拉教育合作与交流的品牌，应该充分调动国内各种积极因素，设立专项基金，通过多种形式的资助来打造对拉美教育合作与交流的品牌。例如，通过设立奖学金等方式吸引拉美博士或硕士研究生来华学习，通过科研项目等形式吸引拉美具有博士学位的科研人员来华进行博士后研究；国家公费奖学金适当向高层次人才倾斜；充分利用教育展等形式扩大中国高校在拉美社会，特别是在拉美高中的吸引力和影响力；在招生工作中严把质量关，严格执行对拉美学生入学资格的审查，从而保证拉美来华留学生的质量，为今后开展高质量、高层次的留学生教育奠定基础。

四　切实推进中拉高校学历互认、学分互换制度

目前我国教育部与秘鲁、巴巴多斯、厄瓜多尔、多米尼加、哥伦比亚、古巴、委内瑞拉、乌拉圭、牙买加和智利等十国签署了教育领域的合作协议，与秘鲁、古巴和墨西哥签署了学历学位互认协议。2006 年，墨西哥合众国公共教育部与中华人民共和国教育部关于签署《中墨学历学位互认协议》，双方承诺于近期互派专家组，对对方国家的学历学位体系进行细致考察，向本国政府提供考察报告，提出相互对应的学历学位证书框架。2007 年，中国与秘鲁签署学历学位互认协议。2013 年，中智两国教育部签署一项学历互认协议，中国政府承认到智利学习的中国留学生拿到的智利文凭。然而要全面推行拉美国家的高等学历、学分互认制度，仍需各国的共同努力。学分互认是拉美与中国教育合作中的一个障碍，部分地区政府的教育政策还不够开放，要具体落实学分互认制度，还需要更广泛的沟通和协商。

五　建立高层次合作与交流长效机制，促进强强合作、拉动互补性合作

组织相关研究机构开展对拉美各类高校办学水平、师资力

量、优势学科和科研领域等相关信息的实地考察和评估；鼓励我国高校组团赴拉美著名高校进行访问，寻求与其在优势学科领域开展产学研合作与交流的机会。通过两国高校强势专业的强强合作带动两国高校的互补性合作，即选取对方高校的强势专业，派师生前往学习，通过彼此间的学习与沟通促进各自非强势专业的发展。学术交流与合作的形式可以灵活多样，例如双方教授可以联合培养硕士或博士研究生；可以派本校在职攻读博士学位的青年教师到对方学校，利用对方实验室等设备，同对方教授和研究梯队合作开展研究，然后回国继续完成学业，这样不仅能增强双方的学术交流，还能达到联合培养高层次人才的目的，使青年教师在攻读学位期间日益成熟。

建立中拉教育部长定期会晤机制，中拉大学校长论坛或中拉校长论坛，从高层次促进双方教育合作与交流。通过中拉教育部长定期会晤机制，在中央层面把握中拉教育合作与交流工作的大方向，通过中拉校长论坛等双边和多边机制相结合，双边配合多边，多边促进双边，以项目推动总体合作的进展。可设置专门机构研究中拉教育合作与交流问题，为中拉教育合作与交流工作提供理论指导。

加强同拉美地区高校和科研机构联系。拉美33个国家与我国在教育方面存在一定的差异。因此，尽管我国教育部与巴西、秘鲁、委内瑞拉、智利等国签署了谅解备忘录，最终因经费以及对接机构得不到落实而无法执行。针对政府间协议得不到落实这一情况，建议留学基金委直接与拉美知名高校建立联系并签署协议，加大对拉美地区的选派。

六 建立有效的赴拉留学人员跟踪管理机制

中拉应建立专门机构，搭建信息化平台，专门从事对赴拉美留学生入学、毕业和就业的调查和研究，对赴拉美访学研修人员的学习、科研、回国情况的统计，提供准确全面的跟踪统计数据。同时为赴拉美人员回国就业提供可靠、有效的信息资源。

附　　录

◆ 中国驻当地大使馆信息

一　中华人民共和国驻阿根廷大使馆

地址：CRISOLOGO LARRALDE 5349，CAP. FED. BUENOS AIRES，ARGENTINA

国家区号：005411

电话：45478134，45478116

总机：0054911 – 45478100

电子邮箱：EMBCHINAARGENTINA@ HOTMAIL. COM

网址：http：//ar. chineseembassy. org/chn/sgxx/t141452. htm

二　中华人民共和国驻秘鲁大使馆

地址：Jr. José Granda 150，San Isidro，Lima 27（领事部地址为 Calle Carlos Porras Osores 419，San Isidro）

开放时间：周一至周五9：00—13：00，15：00—17：30

电话：+51 – 1 – 4429458

领事部电话：+51 - 1 - 4429466，领保电话 + 51 - 995203968
（24 小时）

网址：http：//pe. chineseembassy. org/chn

三　中华人民共和国驻智利大使馆

电话：（562）22339880（24 小时值班电话，非工作时间及公
共假日仅限紧急事务）

传真：（562）22341129

使馆地址：AV. PEDRO DE VALDIVIA 550，PROVIDENCIA，
SANTIAGO DE CHILE

电子邮箱：embajadachina@ entElchile. net

网址：http：//cl. chineseembassy. org

四　中华人民共和国驻玻利维亚大使馆

地址：No. 8532，Los Pinos，La Paz，Bolivia

电话：00591 - 2 - 2793851/2792902

电子邮箱：chinaemb_ bo@ mfa. gov. cn

网址：http：//bo. china - embassy. org/chn/

五　中华人民共和国驻哥伦比亚共和国大使馆

地址：Carrera 16，98 - 30，Bogotá，Colombia

电话：0057 - 1 - 6223215/6223213

领事部电话：0057 - 1 - 6223126

网址：http：//co. china - embassy. org/chn/sgjs/lxwm/

六　中华人民共和国驻墨西哥合众国大使馆

总机：0052 – 55 – 56160609

传真：0052 – 55 – 56165731

电话：总机转 109

传真：0052 – 55 – 56160460

电子邮箱：embajadachinamx@ yahoo. com. mx

◆ 国家留学基金管理委员会拉美地区项目

一　墨西哥互换奖学金项目

（一）简介

根据中墨政府有关教育文化交流协议，双方每年互换奖学金留学人员，前往对方国家学习或研修。自 2012 年起，"墨西哥互换奖学金项目"每年资助 40 名本科插班生和联合培养硕士研究生赴墨西哥学习或研修。

（二）资助计划与类别

1. 选派专业：西班牙语语言文学

2. 选派类别及资助期限：

选派类别：本科插班生、联合培养硕士研究生

资助期限：10—12 个月

3. 选派规模：40 人

（三）资助内容

1. 留学期间享受墨西哥政府提供的奖学金生活费。

2. 国家留学基金提供一次往返国际旅费、项目补贴及签证申请费。

（四）申请条件

1. 申请人应符合《2016 年国家留学基金资助出国留学人员选拔简章》规定的申请条件。

2. 申请人 GPA 成绩不少于 3 分（5 分制）。其他评分标准须提供相应水平证明。

3. 申请人须为西班牙语专业在校全日制学生。

（五）申请材料

材料名称	备注
1.《中外政府互换奖学金项目候选人员申请表》	其中学习计划和专家推荐信用西语填写
2.《墨西哥互换奖学金项目申请书》（CONVOCATORIA DE BECAS DEL GOBIERNO DE MÉXICO PARA EXTRANJEROS)	
3. 研究生研修计划	限硕士插班生申报者填写
4. 西语简历	最多两张纸
5. Motivation Letter	西语
6. 在读证明原件、本科/硕士在学成绩单	原件 + 西语翻译
7. 国内所获最后学历和学位证书	复印件 + 西语翻译
8. 出生证明	复印件 + 西语翻译
9. 护照号码页与签名页	复印件
10.《国际旅行健康证明书》	复印件 + 西语翻译
11. 8 张 3cm×3cm 照片	每张照片背后需写明"姓名 + 拼音"
12. 单位推荐意见	表格在学生完成网上申报后，自动生成。需要推荐单位手写推荐意见并盖章

（六）申请流程

序号	时间	步骤	具体内容	备注
1	7 月前	报名	申请人经所在单位审核同意后，进行网上报名并按要求向基金委提交申请及对外联系材料。	
2	9 月—次年 5 月	评审、录取	国家留学基金委组织对申请材料进行资格审查，外方机构组织评审，完成录取工作并公布录取名单。	录取通知将发至申请人所在单位，再由其转发申请人。
3	次年 7 月— 8 月	符合派出要求者，办理派出手续	1. 签订《资助出国留学协议书》并办理公证、交存保证金，办理《国际旅行健康证明书》；2. 墨西哥驻华大使馆安排时间统一进行签证（具体时间待墨方通知）；3. 联系教育部留学服务中心出国处办理机票预订手续。	1. 详见《出国留学人员须知》；2. 墨西哥驻华大使馆大约于 7 月底安排学生统一办理签证；3. 因签证不能当场办理完毕，需要 3—5 日后取，学生可自行取签，也可委托北京留学服务中心代领。
4		派出	联系教育部留学服务中心领取机票、签证和补贴等，陆续派出。	须按外方规定的时间派出。未按期派出者，留学资格自动取消。

（七）咨询方式

联系电话：010 – 66093558

传　真：010 – 66093945

地　址：北京市车公庄大街 9 号 A3 楼 13 层（邮政编码：100044）

二　哥伦比亚互换奖学金项目

（一）简介

根据中哥政府有关教育文化交流协议，双方每年互换奖学金留学人员，前往对方国家学习或研修。"哥伦比亚互换奖学金"每年资助 20 名中国学生赴哥伦比亚相关大学进行为期一年的实习和交流。留学人员需具备基本的西班牙语水平，且需在哥承担每周 12 小时的中文教学任务。

（二）资助计划与类别

1. 选派专业：西班牙语语言文学（本科二年级以上）

2. 选派类别及资助期限：

选派类别：本科插班生、联合培养硕士研究生

留学期限：10—12 个月

3. 选派规模：20 人

（三）资助内容

1. 留学期间享受哥伦比亚政府提供的奖学金生活费及一次往返国际旅费。

2. 国家留学基金提供奖学金项目补贴。

（四）申请条件

1. 申请人应符合《2016 年国家留学基金资助出国留学人员

选拔简章》规定的申请条件。

2. 根据哥方要求，申请人须具有较好的汉语语言及中国文化教学的能力。

3. 申请人须为西班牙语语言文学专业。

（五）申请材料

材料名称	备注
《中外政府互换奖学金项目候选人员申请表》	
《哥伦比亚互换奖学金申请表》	
个人简历	西文
专家推荐信两封	西文
在读成绩单	均需提供复印件与西班牙语翻译件，并加盖单位公章，证实翻译准确
护照	
《国际旅行健康证明书》	需提供西班牙语翻译

（六）申请流程

序号	时间	步骤	具体内容	备注
1	2016 年 6 月 15 日前	申请准备	申请人应按要求向所在单位提交申请材料。	
2	6 月 15 日— 7 月 5 日	报名	申请人经所在单位审核同意后，进行网上报名并按要求向基金委提交申请材料。	
3	8 月	评审、录取	留学基金委将对各单位推荐人选进行审核，最终录取结果以哥方录取通知为准。	录取通知将通过申请人所在单位转发申请人。

续表

序号	时间	步骤	具体内容	备注
4	9月	符合派出要求者，办理派出手续	1. 签订《资助出国留学协议书》并办理公证、交存保证金，办理《国际旅行健康证明书》； 2. 哥伦比亚驻华大使馆安排时间统一进行签证（具体时间待哥方通知）。	1. 详见《出国留学人员须知》； 2. 哥伦比亚驻华大使馆大约于8月初安排学生统一办理签证，且签证可当天下午领取。
5		派出	联系教育部留学服务中心领取项目补贴，陆续派出。	须按校方规定的时间派出。未按期派出者，留学资格自动取消。

（七）咨询方式

联系电话：010－66093558

传　真：010－66093945

地　址：北京市车公庄大街9号A3楼13层（邮政编码：100044）

三　阿根廷研究生奖学金

（一）简介

根据《阿根廷共和国教育部和中华人民共和国教育部谅解备忘录》，双方每年互换研究生奖学金留学人员，前往对方国家学习或研修。自2015年起，阿根廷研究生奖学金项目每年资助4名联合培养硕士研究生赴阿根廷学习或研修。

（二）资助计划与类别

1. 选派专业：西班牙语语言文学

2. 选派类别及留学期限

选派类别：联合培养硕士研究生

资助期限：10 个月

3. 选派规模：4 人/年

（三）资助内容

1. 留学期间享受阿根廷政府提供的奖学金生活费（约 11400 比索/月）、医疗保险和课程注册费。

2. 国家留学基金提供一次往返国际旅费。

（四）申请条件

1. 申请人应符合《2016 年国家留学基金资助出国留学人员选拔简章》规定的申请条件。

2. 申请人 GPA 成绩不少于 3.5 分（5 分制）。其他评分标准须提供相应水平证明。

3. 申请人须为西班牙语专业在校全日制硕士研究生。

（五）申请材料

材料名称	备注
《中外政府互换奖学金项目候选人员申请表》	
《阿根廷研究生奖学金申请表》	需用西语填写并签字
身份证和护照复印件	
本科学历学位公证	西文翻译
硕士研究生在读证明公证	西文翻译
本科/硕士成绩单公证	西文翻译
西班牙语语言证书	
推荐信	两封，西文
《国际旅行健康证明书》	

（六）申请流程

序号	时间	步骤	具体内容	备注
1	11 月 30 日前	报名	申请人经所在单位审核同意后，进行网上报名并按要求向基金委提交申请及对外联系材料。	
2	12 月—次年 2 月	评审、录取	国家留学基金委组织对申请材料进行资格审查，外方机构组织评审，完成录取工作并公布录取名单。	录取通知将发至申请人所在单位，再由其转发申请人。
3	次年 3 月	符合派出要求者，办理派出手续	1. 签订《资助出国留学协议书》并办理公证、交存保证金，办理《国际旅行健康证明书》；2. 联系教育部留学服务中心出国处办理签证申请、机票预订手续。	详见《出国留学人员须知》。
4		派出	联系教育部留学服务中心领取机票、签证等，陆续派出。	须按外方规定的时间派出。未按期派出者，留学资格自动取消。

（七）咨询方式

联系电话：010 - 66093558

传　真：010 - 66093945

地　址：北京市车公庄大街 9 号 A3 楼 13 层（邮政编码：100044）

四　秘鲁互换奖学金项目

（一）简介

根据中国教育部与秘鲁共和国教育部签署的《关于教育领域合作的谅解备忘录》，双方每年互换奖学金留学人员，前往对方国家学习或研修。秘鲁互换奖学金项目每年资助 2 人赴秘学习或研修。

（二）资助计划与类别

1. 选派类别及资助期限：

硕士研究生：资助期限 12—24 个月

博士研究生：资助期限 36—48 个月

2. 选派规模：2 人

3. 选派专业：不限专业，但要求有较高的西班牙语水平。

（三）资助内容

1. 留学期间享受秘鲁政府提供的奖学金生活费。

2. 国家留学基金提供一次往返国际旅费。

（四）申请条件

1. 申请人应符合《2016 年国家留学基金资助出国留学人员选拔简章》规定的申请条件。

2. 申请人 GPA 成绩不少于 3 分（5 分制）。其他评分标准须提供相应水平证明。

（五）申请材料

材料名称	备注
护照复印件	
《秘鲁政府互换奖学金项目申请表》	

续表

材料名称	备注
校方正式邀请信	包含学习计划，入学起止时间及费用
最高学历证书的复印件及西语公证件	
最高学历成绩的复印件及西语公证件	
研修计划	硕士申请人500字，博士申请人800字
最高学历就读院校的导师推荐信	2封，英语或西语
身体和心理健康证明	原件及西语翻译件，须有医院的公章证明，有效期不超过90天
一年内的无犯罪记录证明	原件及西语翻译件
DELE 考试证书	B1 及以上
简历	

（六）申请流程

序号	时间	步骤	具体内容	备注
1	2016 年 1 月 15 日前	申请准备	申请人应按要求向所在单位提交申请材料。	
2	1 月 15 日—2 月 15 日	报名	申请人经所在单位审核同意后，进行网上报名并按要求向基金委提交申请材料。	
3	3 月—5 月	评审、录取	留学基金委将对各单位推荐人选进行审核，最终录取结果以秘方录取通知为准。	录取通知将通过申请人所在单位转发申请人。

续表

序号	时间	步骤	具体内容	备注
4	8 月	符合派出要求者，办理派出手续	1. 签订《资助出国留学协议书》并办理公证、交存保证金，办理《国际旅行健康证明书》；2. 联系教育部留学服务中心出国处办理签证申请、机票预订手续。	详见《出国留学人员须知》。
5		派出	联系教育部留学服务中心领取机票、签证等，陆续派出。	须按校方规定的时间派出。未按期派出者，留学资格自动取消。

（七）咨询方式

联系电话：010 - 66093558

传　真：010 - 66093945

地　址：北京市车公庄大街 9 号 A3 楼 13 层（邮政编码：100044）

五　牙买加政府体育奖学金项目

（一）简介

牙买加福斯特体育学院奖学金由牙买加总理辛普森·米勒 2013 年 8 月访华时宣布。自 2014 年起，牙买加政府体育奖学金资助 10 名本科插班生和高级访问学者赴牙学习或研修。

（二）资助计划与类别

1. 选派类别及留学期限

高级研究学者：资助期限 1—2 个月

本科插班生：资助期限 24 个月

2. 选派规模

高级访问学者：6 人

本科插班生：4 人

3. 选派专业

高级访问学者：国内短距离速跑项目教练

本科插班生：体育专业本科二、三年级优秀学生

（三）资助内容

高级访问学者：牙方为被录取人员提供学费、住宿费和工作日用餐，与学习和训练相关的室内交通以及机场接送服务，并免除签证申请费。国家留学基金提供一次往返国际旅费及奖学金生活费补助（550 美元/人每月）。

本科插班生：牙方为被录取人员提供学费、住宿费和工作日用餐，与学习和训练相关的室内交通以及机场接送服务，并免除签证申请费。国家留学基金提供一次性往返国际旅费及奖学金生活费补助（300 美元/人每月）。

（四）申请材料

高级访问学者

材料名称	备注
牙买加政府单方奖学金申请表（教练类）	以英文填写，原件及复印件各一份
牙买加政府单方奖学金申请人需求表	以英文填写，原件及复印件各一份
国内单位正式推荐公函	中、英文，原件

本科插班生

材料名称	备注
牙买加政府单方奖学金申请表（学生类）	以英文填写，原件及复印件各一份
高中毕业证书	中、英文，复印件
国内大学在读证明	中、英文，原件
国内大学正式推荐公函	中、英文，原件
英语水平证明	四、六级证书或雅思、托福成绩单复印件

（五）申请流程

序号	时间	步骤	具体内容	备注
1	5月前	报名	申请人经所在单位审核同意后，进行网上报名并按要求向基金委提交申请及对外联系材料。	
2	6月—7月	评审、录取	国家留学基金委组织对申请材料进行资格审查，外方机构组织评审，完成录取工作并公布录取名单。	录取通知将发至申请人所在单位，再由其转发申请人。
3	8月—9月	符合派出要求者，办理派出手续	1. 联系教育部留学服务中心出国处办理签证申请、机票预订手续； 2. 签订《资助出国留学协议书》并办理公证、交存保证金，办理《国际旅行健康证明书》。	详见《出国留学人员须知》。
4		派出	联系教育部留学服务中心领取机票、签证等，陆续派出。	须按外方规定的时间派出。未按期派出者，留学资格自动取消。

（六）咨询方式

联系电话：010 – 66093558

传　真：010 – 66093945

地　址：北京市车公庄大街 9 号 A3 楼 13 层（邮政编码：100044）

六　国家留学基金管理委员会与哥斯达黎加大学联合奖学金

（一）简介

为加强中国与哥斯达黎加大学的交流与合作，为我国优秀学生前往哥斯达黎加大学提供帮助与支持，国家留学基金管理委员会（以下简称国家留学基金委）与哥斯达黎加大学签署了合作备忘录，将联合资助中国具有较大发展潜力的优秀人才赴该校进行本科插班生学习。

（二）学校概况

哥斯达黎加大学（Universidad de Costa Rica）是哥斯达黎加排名第一的公立大学，其前身是圣托马斯大学，至今已有 150 多年的历史。目前这所综合大学有文、理、工、医科共 13 个系，设有 200 多个专业。

（三）资助计划与类别

1. 协议名额：6 名/年

2. 选派类别：本科插班生

3. 资助期限：5 个月

3. 重点资助学科、专业领域：西班牙语语言文学

（四）资助内容

1. 留学期间哥斯达黎加大学将免除常规课程学费，并协助安

排学生入住哥斯达黎加家庭。

2. 国家留学基金提供奖学金生活费资助（包含学生海外健康保险），一次往返国际机票。

（五）申请条件

1. 申请人应符合《2016 年国家留学基金资助出国留学人员选拔简章》规定的申请条件。

2. 申请人 GPA 须达到 3.0 以上。

3. 参与该项目的本科学生应已在国内大学完成至少两年的学习。

4. 申请者能够熟练运用西班牙语进行口语交流及写作。

（六）申请材料

材料名称	备注
《哥斯达黎加大学入学申请书》	
《选课表》（FORMULARIO DE INTENCIÓN DE MA-TRICULA）	
院校推荐意见（西语）	2 封
学习计划	西班牙语
《住宿申请表》（HOUSING APPLICATION）	
在读证明、本科课程成绩单	中文原件，西语翻译件
西语水平证明表（附表）	
护照号码页与签名页	
《国际旅行健康证明书》（CERTIFICADO DE SA-LUD）	西班牙语

（七）申请流程

序号	时间	步骤	具体内容	备注
1	7月前	申请准备	申请人应提前准备外方申请所需材料。	http：//www.oaice.ucr.ac.cr/en/student-mobility/international-students.html
2	7月—8月	报名	申请人经所在单位审核同意后，登录国家公派留学管理信息平台进行网上报名，并按要求向基金委提交申请及对外联系材料。	
3	9月	评审、录取	国家留学基金委组织对申请材料进行资格审查，外方院校组织评审，完成录取工作并公布录取名单。	录取通知将发至申请人所在单位，再由其转发申请人。
4	次年2月	符合派出要求者，办理派出手续	1. 签订《资助出国留学协议书》并办理公证、交存保证金，办理《国际旅行健康证明书》；2. 联系教育部留学服务中心出国处办理签证申请、机票预订手续。	详见《出国留学人员须知》。
5		派出	联系教育部留学服务中心领取机票、签证等，陆续派出。	须按校方规定的时间派出。未按期派出者，留学资格自动取消。

（八）咨询方式

联系电话：010 - 66093558

传　真：010 - 66093945

地　址：北京市车公庄大街 9 号 A3 楼 13 层（邮政编码：100044）

七　国际玉米小麦改良中心合作协议介绍（联培博士）

（一）简介

为加强中国与国际玉米改良中心的交流与合作，为我国优秀学生前往世界知名组织提供支持，国家留学基金管理委员会（以下简称国家留学基金委）与国际玉米小麦改良中心签署了合作备忘录，将联合资助中国具有较大发展潜力的优秀人才赴该中心以联合培养博士研究生身份开展学习及研究。

1. 组织概况

国际玉米小麦改良中心（International Maize and Wheat Improvement Center，总部设在墨西哥城 El Batan）系国际农业研究磋商组织下属 16 个国际农业研究中心之一，享有"绿色革命的发源地"之美誉。该中心拥有一流的玉米、小麦研究，丰富的基因资源储备，超 2.8 万种玉米基因和 13.8 万种小麦基因以及最先进的实验室和田野研究设备。

2. 主要优势学科

基因育种、分子育种、生物信息学、种质资源、功能基因组学、食品和营养安全、保护性农业和农业经济。

（二）资助计划与类别

1. 协议名额

年度最多接收 10 名/年的访问学者、博士后和联合培养博士研究生（各类别间未具体分配数额）。

2. 选派类别及资助期限

资助类别：联合培养博士研究生

资助期限：6—24 个月

3. 重点资助学科、专业领域

该项目将优先支持下列研究领域：玉米、小麦遗传育种；功能基因组学；种质资源保存；生物信息学；分子标记和转基因技术在种质改良中的应用；改良产量和抗逆性的生理研究；保护性耕作和养分管理；谷物化学，加工品质和营养；社会科学和农业经济学等。

（三）资助内容

1. 国家留学基金提供留学人员在学期间的奖学金生活费（包含海外学生健康保险）、一次性往返国际机票、项目补贴及签证申请费。

2. 国际玉米小麦改良中心负担所需研究费用。

（四）申请条件

1. 申请人应符合《2016 年国家建设高水平大学公派研究生项目攻读联合培养博士学位研究生选派办法》（http：//www. csc. edu. cn/Chuguo/08c2ac5a6ff74eb2b1039ed69bdeb447. shtml）规定的申请条件。

2. 获得国际玉米小麦改良中心介绍的正式邀请函（申请人必须达到国际玉米小麦改良中心介绍相关专业课程在学术和英语水平方面的一般选拔标准）。

（五）申请材料

请按照国家留学网"出国留学"《2016 年国家建设高水平大

学公派研究生项目专栏》中"应提交申请材料及说明"的要求准备材料。

（六）申请流程

时间	步骤	具体内容	备注
2015 年 9 月—2016 年 3 月	申请准备	申请人自行联系国际玉米小麦改良中心，提交对外申请材料并取得国际玉米小麦改良中心介绍的正式邀请函。注：具体要求、申请程序和截止日期以国际玉米小麦改良中心公布的信息为准。	1. 申请人须在向国际玉米小麦改良中心申请时说明申请"China Scholarship Council/ International Maize and Wheat Improvement Center Scholarship"。
2016 年 3 月 20 日—4 月 5 日	报名	申请人经所在单位审核同意后，登录国家公派留学管理信息平台进行网上报名，并向各国家留学基金申请受理机构（以下简称受理机构）提交申请材料。	1. 所有申请材料须按要求上传至国家公派留学管理信息平台，请提前将申请材料转为电子版。2. 国家留学基金委委托各受理机构统一受理本地区（单位、部门）的申请。受理机构负责接受咨询、受理、审核申请材料；国家留学基金委不直接受理个人申请。3. 受理机构通信地址及电话请查询国家留学网。
2016 年 4 月—5 月	评审录取	国家留学基金委组织专家对申请材料进行评审，完成录取工作并公布录取结果。	录取通知将通过受理机构转发至申请人所在单位，由其转发至申请人本人。

续表

时间	步骤	具体内容	备注
2016 年 7 月起	符合派出要求者办理派出手续	1. 签订《资助出国留学协议书》并办理公证、交存保证金，办理《国际旅行健康证明书》； 2. 联系教育部指定的留学服务机构办理签证申请、机票预订、生活费预领等事项，并领取《报到证》。	1. 具体要求、步骤及留学服务机构联系方式请参照《出国留学人员须知》（可从国家留学网下载）； 2. 7 月至 9 月为办理派出手续高峰期，请提前了解具体要求，做好准备，合理规划时间。
	派出	抵达留学所在国后，留学人员须持《资格证书》及《报到证》原件到所属使（领）馆教育处（组）报到［教育处（组）联系方式请查阅其网站］。	1. 被录取人员派出时间一般为当年 9 月，具体时间以外方录取通知为准； 2. 资格有效期逾期未派出者，留学资格自动取消。

（七）咨询方式

1. 国家留学基金管理委员会

电　话：010 – 66093558

传　真：010 – 66093945

国家留学网：http：//www．csc．edu．cn

国家公派留学管理信息平台：http：//apply．csc．edu．cn

地　址：北京市车公庄大街 9 号 A3 楼 13 层（邮政编码：100044）

2. 国际玉米小麦改良中心

联系人：何中虎（驻北京办事处负责人）

电　话：010 – 82108547

E-mail：zhhecaas@ 163. com

八　国家留学基金管理委员会与国际玉米小麦改良中心合作奖学金（访学/博士后）

（一）简介

为加强中国与国际玉米小麦改良中心的交流与合作，为我国优秀学生前往世界知名组织提供支持，国家留学基金管理委员会（以下简称国家留学基金委）与国际玉米小麦改良中心签署了合作备忘录，将联合资助中国具有较大发展潜力的优秀人才赴该中心进行访问学者和博士后研究。

1. 组织概况

国际玉米小麦改良中心（International Maize and Wheat Improvement Center，总部设在墨西哥城 El Batan）系国际农业研究磋商组织下属 16 个国际农业研究中心之一，享有"绿色革命的发源地"之美誉。该中心拥有一流的玉米、小麦研究，丰富的基因资源储备，超 2.8 万种玉米基因和 13.8 万种小麦基因以及最先进的实验室和田野研究设备。

2. 主要优势学科

基因育种、分子育种、生物信息学、种质资源、功能基因组学、食品和营养安全、保护性农业和农业经济。

（二）协议内容

1. 协议名额

年度最多接收 10 名/年的访问学者、博士后和联合培养博士研究生（各类别间未具体分配数额）。

2. 选派类别及资助期限

资助类别：访问学者（含博士后研究）

资助期限：3—12 个月

3. 重点资助学科、专业领域

该项目将优先支持下列研究领域：玉米、小麦遗传育种；功能基因组学；种质资源保存；生物信息学；分子标记和转基因技术在种质改良中的应用；改良产量和抗逆性的生理研究；保护性耕作和养分管理；谷物化学，加工品质和营养；社会科学和农业经济学等。

（三）资助内容

1. 国家留学基金提供留学人员在学期间的奖学金生活费（包含海外学生健康保险）、一次性往返国际机票、项目补贴及签证申请费。

2. 国际玉米小麦改良中心负担所需研究费用。

（四）申请条件

1. 申请人应符合《2016 年国家公派高级研究学者及访问学者（含博士后）项目选派办法》规定的申请条件。

2. 获得国际玉米小麦改良中心介绍的正式邀请函（申请人必须达到国际玉米小麦改良中心介绍相关专业课程在学术和英语水平方面的一般选拔标准）。

（五）申请材料

请按照国家留学网"出国留学"《2016 年国家公派高级研究学者及访问学者（含博士后）项目专栏》中"应提交申请材料及说明"的要求准备材料。

（六）申请流程

时间	步骤	具体内容	备注
2015 年 9 月—2016 年 3 月	申请准备	申请人自行联系国际玉米小麦改良中心，提交对外申请材料并取得国际玉米小麦改良中心介绍的正式邀请函。注：具体要求、申请程序和截止日期以国际玉米小麦改良中心公布的信息为准。	
2016 年 3 月 20 日—4 月 5 日	报名	申请人经所在单位审核同意后，登录国家公派留学管理信息平台进行网上报名，并向各国家留学基金申请受理机构（以下简称受理机构）提交申请材料。	1. 所有申请材料须按要求上传至国家公派留学管理信息平台，请提前将申请材料转为电子版；2. 国家留学基金委委托各受理机构统一受理本地区（单位、部门）的申请。受理机构负责接受咨询、受理、审核申请材料；国家留学基金委不直接受理个人申请；3. 受理机构通信地址及电话请查询国家留学网。
2016 年 4 月—5 月	评审录取	国家留学基金委组织专家对申请材料进行评审，完成录取工作并公布录取结果。	录取通知将通过受理机构转发至申请人所在单位，由其转发至申请人本人。

续表

时间	步骤	具体内容	备注
2016 年 7 月起	符合派出要求者办理派出手续	1. 签订《资助出国留学协议书》并办理公证、交存保证金，办理《国际旅行健康证明书》； 2. 联系教育部指定的留学服务机构办理签证申请、机票预订、生活费预领等事项，并领取《报到证》。	1. 具体要求、步骤及留学服务机构联系方式请参照《出国留学人员须知》（可从国家留学网下载）； 2. 7 月至 9 月为办理派出手续高峰期，请提前了解具体要求，做好准备，合理规划时间。
	派出	抵达留学所在国后，留学人员须持《资格证书》及《报到证》原件到所属使（领）馆教育处（组）报到。（教育处（组）联系方式请查阅其网站）。	1. 被录取人员派出时间一般为当年 9 月，具体时间以外方录取通知为准； 2. 资格有效期逾期未派出者，留学资格自动取消。

（七）咨询方式

1. 国家留学基金管理委员会

电　话：010 - 66093558

传　真：010 - 66093945

国家留学网：http：//www.csc.edu.cn

国家公派留学管理信息平台：http：//apply.csc.edu.cn

地　址：北京市车公庄大街 9 号 A3 楼 13 层（邮政编码：100044）

2. 国际玉米小麦改良中心

联系人: 何中虎 (驻北京办事处负责人)

电　话: 010 - 82108547

E-mail: zhhecaas@ 163. com

◆ 2016QS 拉丁美洲大学排行榜 top150

排名	学校	国家	学术声誉	雇主声誉	师生比	总得分
1	Universidade de São Paulo	Brazil	100	100	73. 7	100
2	Universidade Estadual de Campinas (Unicamp)	Brazil	100	99. 7	60. 4	99. 5
3	Pontificia Universidad Católica de Chile (UC)	Chile	100	100	70. 9	99. 4
4	Universidad Nacional Autónoma de México (UNAM)	Mexico	100	100	90. 9	96. 5
5	Universidade Federal do Rio de Janeiro	Brazil	99. 9	80. 5	66. 7	95. 4
6	Universidad de Chile	Chile	100	100	—	94. 6
7	Instituto Tecnológico y de Estudios Superiores de Monterrey	Mexico	97. 1	100	99. 1	93. 7
8	Universidad de los Andes	Colombia	99. 9	99. 9	—	93. 3
9	Universidade de Brasilia	Brazil	92. 6	80. 4	66. 9	88. 7
10	Universidad Nacional de Colombia	Colombia	100	100	—	88. 5
11	Universidad de Buenos Aires (UBA)	Argentina	100	100	62. 4	88. 3
12	UNESP	Brazil	91. 2	72. 5	78. 9	88. 2
13	Universidad de Concepción	Chile	89. 5	83. 2	—	87. 3
14	Universidade Federal de Minas Gerais	Brazil	95. 3	56	—	86. 8

续表

排名	学校	国家	学术 声誉	雇主 声誉	师生比	总得分
15	Pontifícia Universidade Católica do Rio de Janeiro	Brazil	97. 1	83. 5	—	85. 5
16	Universidade Federal do Rio Grande Do Sul	Brazil	95. 1	49. 9	—	85
17	Universidad de Santiago de Chile (US-ACH)	Chile	98. 9	98	—	84. 5
18	Universidad de Costa Rica	Costa Rica	97. 8	90. 2		82. 1
18	Universidad Central de Venezuela	Venezuela	88. 4	90. 1	55. 2	82. 1
20	Universidad Nacional de La Plata (UN-LP)	Argentina	98. 7	87. 3	—	81. 5
21	Pontificia Universidad Católica del Perú	Peru	98. 3	90. 5	54	81. 1
22	Universidad de Antioquia	Colombia	93. 1	79	—	81
23	Universidad Iberoamericana (UIA)	Mexico	82. 6	94. 9	62. 6	80. 7
24	Universidad Austral	Argentina	93. 8	98	98. 4	79. 7
25	Universidade Federal de Santa Catarina	Brazil	79. 9	46. 5	60. 3	79. 6
26	Universidad Nacional de Córdoba-UNC	Argentina	97. 6	91. 6	—	78. 9
27	Universidade Federal de São Paulo	Brazil	70	43. 6	97. 9	78. 7
28	Pontificia Universidad Javeriana	Colombia	98. 7	99. 6	58. 2	78. 6
29	Universidade Federal de São Carlos-(UFSCAR)	Brazil	63. 7	57. 4	78. 9	78. 1
30	Universidad Autónoma Metropolitana (UAM)	Mexico	86. 8	61. 2	—	77. 6
31	Pontificia Universidad Católica de Valparaíso	Chile	90. 7	89	—	76. 9
32	Instituto Politécnico Nacional (IPN)	Mexico	76. 7	94. 1	54. 3	76. 1
33	Pontificia Universidad Católica Argentina Santa María de los Buenos Aires (UCA)	Argentina	93	99. 7	98. 6	74. 9

续表

排名	学校	国家	学术声誉	雇主声誉	师生比	总得分
34	Universidad Simón Bolívar（USB）	Venezuela	80.6	75.9	—	74.6
35	Universidade Federal do Paraná-UFPR	Brazil	67.6	41.8	67.3	74.1
36	Universidad Austral de Chile	Chile	74.3	61.3	—	70.9
37	Universidad Adolfo Ibàñez	Chile	78.9	99.5	—	70
38	Pontificia Universidade Católica de São Paulo	Brazil	79.5	90.8	93.7	69.8
39	Instituto Tecnológico Autónomo de México（ITAM）	Mexico	81.1	95.8	—	69.5
39	Universidad de la República（UdelaR）	Uruguay	80.2	72.1	71	69.5
41	Pontificia Universidade Católica do Rio Grande do Sul（PUCRS）	Brazil	54.7	44.7	57	69.4
42	Universidad Torcuato Di Tella	Argentina	79.6	89.8	60.1	68.8
43	Universidad Técnica Federico Santa María（USM）	Chile	44.4	86.1	—	68
44	Universidade Federal de Pernambuco（UFPE）	Brazil	67.2	—	59.6	67.8
45	Universidade do Estado do Rio de Janeiro（UERJ）	Brazil	53	49	78.9	67.3
46	Universidad Diego Portales（UDP）	Chile	75.2	80.9	54.5	67.1
47	Universidade Federal Fluminense	Brazil	57.2	—	80	66.5
48	Universidad del Valle	Colombia	84.2	58.5	—	66.4
49	Universidad Nacional de Rosario（UNR）	Argentina	86.3	71.2	—	66.1
50	Universidad Nacional Costa Rica	Costa Rica	75.2	81.9	54.6	65.9

续表

排名	学校	国家	学术声誉	雇主声誉	师生比	总得分
51	Universidad de Guadalajara（UDG）	Mexico	81.1	54.8	70.9	65.4
52	Universidad de Puerto Rico	Puerto Rico	58.8	40.5	—	64.9
53	Universidad Autonoma de Nuevo Leon（UANL）	Mexico	73.6	50.8	—	64.2
54	Universidad Nacional de Mar del Plata	Argentina	72.6	48.4	69.6	64
55	Universidad Autónoma del Estado de México（UAEMex）	Mexico	87	57.3	—	63.6
56	Universidad de las Américas Puebla（UDLAP）	Mexico	46.3	80.7	—	63.1
57	Universidad San Francisco de Quito（USFQ）	Ecuador	54	69.2	—	62.8
58	Universidad del Rosario	Colombia	62.7	91.3	—	62.6
59	Universidad de la Habana	Cuba	88.4	—	75.6	61.6
60	Universidad Nacional de Cuyo	Argentina	70.4	56.2	—	61.5
61	Universidad de Belgrano	Argentina	74.7	97.9	99.9	61.1
61	Universidad del Norte	Colombia	60.6	66.5	—	61.1
63	Universidad de San Andrés-UdeSA	Argentina	60.5	91	97.8	60.9
64	Universidad Anahuac	Mexico	62.1	92.1	88.8	60.8
65	Universidad de La Sabana	Colombia	72.3	93.3	55.3	60.3
66	Instituto Tecnológico de Buenos Aires（ITBA）	Argentina	70.2	94.2	95.8	60.1
67	Universidad Católica Andres Bello	Venezuela	93.5	98.4	—	59.6
68	Universidad de los Andes-（ULA）Mérida	Venezuela	74.6	51.9	—	59.4
69	Universidade Federal da Bahia	Brazil	47.4	—	86.1	59.1
70	Universidad de Montevideo（UM）	Uruguay	83.5	76.2	91.9	58.2

续表

排名	学校	国家	学术声誉	雇主声誉	师生比	总得分
71	Universidad Nacional Mayor de San Marcos	Peru	78.1	54.4	—	58.2
72	Benemérita Universidad Autónoma de Puebla	Mexico	69.9	—	—	57.9
73	Universidad de Palermo (UP)	Argentina	57.5	86.4	94.1	56.5
74	Universidad Peruana Cayetano Heredia (UPCH)	Peru	53.4	—	52.8	56.3
75	Universidad Industrial de Santander-UIS	Colombia	56.1	64.6	—	56
76	Universidad Pontificia Bolivariana	Colombia	54.9	69.1	66.5	55.5
76	Universidad de Valparaíso (UV)	Chile	54.1	52.7	—	55.5
78	Pontificia Universidad Católica del Ecuador (PUCE)	Ecuador	49.7	65.4	—	55.3
79	Universidad EAFIT	Colombia	68.1	81.8	—	55.2
79	Universidad Nacional de la Asunción	Paraguay	43.9	62.4	74.3	55.2
81	Universidad Nacional del Litoral	Argentina	66.4	—	—	55.1
82	Universidad Nacional de Tucumà¡n	Argentina	72.3	44.1	—	54.9
83	Universidad Nacional del Sur	Argentina	55	—	—	54
84	Universidad de Talca	Chile	61.7	—	—	53.6
84	Universidade Estadual de Londrina	Brazil	—	—	87.2	53.6
86	Universidad Andrés BelloUniversidad Andrés Bello	Chile	46.1	67.7	—	53.2
87	Universidade Federal do Ceará (UFC)	Brazil	36.6	—	57.5	53.1
88	Universidad Externado de Colombia	Colombia	61.6	93.2	81.7	52.5
89	Universidade Federal de Viçosa-UFV	Brazil	38.1	—	73.7	52.2

排名	学校	国家	学术声誉	雇主声誉	师生比	总得分
90	Universidad Tecnológica Nacional (UTN)	Argentina	—	94.5	67.9	51.6
91	Universidad de los Andes-Chile	Chile	59.7	69.3	80.4	51.2
92	Universidad de la Frontera (UFRO)	Chile	47	38.6	—	50.8
93	Pontificia Universidade Catlica do Campinas	Brazil	48.1	47.6	—	50.4
94	Universidad Católica del Norte	Chile	36.8	43.2	—	50.2
95	Universidade Federal de Goias	Brazil	—	—	96.6	49.8
96	Universidad Panamericana (UP)	Mexico	39.2	65.4	87.3	49.3
97	Universidad Nacional de San Luis	Argentina	45.1	—	59.4	49.1
98	Universidad Autónoma de San Luis de Potosi (UASLP)	Mexico	41.4	—	—	48.5
99	Universidad Nacional de San Martín (UNSAM)	Argentina	51.2	—	—	48.1
99	Universidade Federal de Santa Maria	Brazil	36.6	—	53.4	48.1
101	Universidad de Monterrey (UDEM)	Mexico	64.7	64.3	—	47.9
101	Universidad de Guanajuato	Mexico	41.8	—	—	47.9
103	Universidad Católica del Uruguay (UCU)	Uruguay	52.3	73.9	100	47.8
104	Universidade Federal de Uberlândia	Brazil	—	—	61.3	47
104	Universidade Federal do Rio Grande Do Norte	Brazil	—	—	—	47
106	Universidad ORT Uruguay	Uruguay	60.1	61.1	100	46.6
106	Universidad Nacional Agraria la Molina	Peru	37.8	—	83.8	46.6
108	Universidad Mayor de San Andrés (UMSA)	Bolivia	40.5	72.3	—	46.5

续表

排名	学校	国家	学术声誉	雇主声誉	师生比	总得分
109	Universidad Tecnológica de Panamà¡ (UTP)	Panama	71.8	69.9	—	46.2
109	Universidad del Salvador	Argentina	40	85.3	—	46.2
111	Universidade Estadual de Maringà¡	Brazil	—	—	92.8	45
112	Catholic University of Cordoba	Argentina	—	—	79.9	44.9
113	Universidade Federal da Paraíba	Brazil	—	—	63.4	44.3
114	Universidad Metropolitana	Venezuela	69	66.4	—	43.9
115	Pontificia Universidade Catlica do Minas Gerais	Brazil	—	56.9	—	43.8
116	Escuela Superior Politécnica del Litoral (ESPOL)	Ecuador	42	75.9	—	43.6
116	Universidad de La Serena	Chile	—	—	—	43.6
118	Universidade Presbiteriana Mackenzie	Brazil	—	67.6	—	43.4
118	Universidade Federal de Ouro Preto	Brazil	—	—	60.7	43.4
118	Universidade Federal de Pelotas	Brazil	—	—	81.5	43.4
121	Universidad Nacional de Río Cuarto-UNRC	Argentina	43.6	—	—	42.7
122	Universidad Latinoamericana de Ciencia y Tecnología-ULACIT	Costa Rica	51.1	88.7	53.9	42.6
122	Universidad Autónoma de Baja California	Mexico	48.2	—	—	42.6
124	Universidad del Zulia	Venezuela	52.9	41.5	—	42.4
125	Universidade Federal de Itajubà¡	Brazil	—	—	65.5	42.3
126	Universidade Federal de Lavras	Brazil	—	—	55.9	42
127	Universidade Federal do Parà¡	Brazil	—	—	—	41.9
128	Universidad de Panamá-UP	Panama	62.2	51.3	—	41.6
129	Pontificia Universidade Católica do Paranà¡	Brazil	—	—	—	41.4

排名	学校	国家	学术声誉	雇主声誉	师生比	总得分
129	Universidade Federal do Espirito Santo	Brazil	—	—	76.4	41.4
131	Universidad del Bio-Bio	Chile	38.4	—	—	41.2
132	Universidad Alberto HurtadoUniversidad Alberto Hurtado	Chile	59.3	41.4	57.1	41.1
132	Universidad de Veracruzana	Mexico	46.1	—	—	41.1
134	Universidad de Cartagena	Colombia	—	38.8	—	40.8
134	Universidade do Estado de Santa Catarina	Brazil	—	—	60.9	40.8
134	Universidade Federal de Campina Grande	Brazil	—	—	72.9	40.8
137	Universidade Federal de Juiz de Fora (UFJF)	Brazil	—	—	74	40.5
138	Universidad de Ciencias Empresariales y Sociales (UCES)	Argentina	—	75.6	100	40.2
139	El Colegio de México, A.C.	Mexico	69.1	—	100	39.7
139	Universidad Nacional del Centro de la Provincia de Buenos Aires (UNICEN)	Argentina	36.5	—	72.2	39.7
139	Universidad Autónoma de Querétaro (UAQ)	Mexico	—	—	—	39.7
139	Universidade Federal de São João del-Rei	Brazil	—	—	62.8	39.7
143	Universidad Autónoma del Estado de Morelos (UAEM)	Mexico	—	—	—	39.5

续表

排名	学校	国家	学术声誉	雇主声誉	师生比	总得分
144	Universidad El Bosque	Colombia	—	38	88.6	39.4
145	Universidad de Oriente Santiago de Cuba	Cuba	65.9	—	82	39
145	Universidad de La Salle	Colombia	46.7	68.4	—	39
145	Universidade Estadual do Norte Fluminense	Brazil	—	—	79	39
148	Universidad de Lima	Peru	50.7	60.3	—	38.8
149	Universidade do Vale do Rio Dos Sinos	Brazil				38.5
150	Universidad de Córdoba-Colombia	Colombia	71.8	38.4		38.4

◆ 拉丁美洲著名大学

一　圣保罗大学

巴西最负盛名的公立大学,坐落在巴西最大的城市圣保罗市,拥有几个校园,圣保罗大学约有90000名学生,并且还是12位巴西总统的母校。在2016年QS世界大学专业排名涵盖的36个专业中,有35个专业进入世界最优秀之列,圣保罗大学一贯为拉美地区最顶尖大学之一也是毫不奇怪。其最好的科目,那些跻身全球范围内前50的专业是,农业与林业、建筑、艺术与设计、土建与结构工程、牙科、药剂与药理学、哲学以及兽医科学。

二　里约热内卢联邦大学

巴西顶尖的大学中的第三所是里约联邦大学，巴西第二大城市里约热内卢排名最高的大学。目前有超过 56000 名学生在读，拥有几个博物馆、9 所医院，许多实验室和研究设施以及 43 座图书馆。拥有 24 个世界一流的专业课程，里约联邦大学排名最高的是发展研究（世界第 41 位），另外在前 100 的专业还有建筑、历史与考古、药房及药理学和社会学。

三　金边大学

同样也位于圣保罗，成立于 1966 年，金边大学是世界领先的年轻大学之一，在最新 QS 顶尖的 50 所建校 50 年以下的大学排名中位列第 15。它有大约 37000 名学生，大约有一半是研究生。金边大学跻身世界排名前 50 的专业有农业与林业、牙科、电气与电子工程，此外还有另外 20 个专业被推荐在前 200 名中。

四　布宜诺斯艾利斯大学

布宜诺斯艾利斯大学是一所公立大学，创建于 1821 年，是阿根廷最大的综合性大学，其组成结构为：13 所大学学院、预科学院、布宜诺斯艾利斯国家学校、卡洛斯·贝勒格里尼高等商学院、初等教育自由学院、两个远程教育课程（自开设起注册学生人数超过 55 万名）、高等研究中心、8 所大学分校中心、里卡多·罗哈斯文化中心、大学出版社、10 座博物馆、13 所图书馆、学生咨询中心、5 个医疗单位、学生健康中心及运动场。布宜诺斯艾利斯大学提供 103 个本科专业学位，221 个学士后专业学位，

62 个硕士专业学位、13 个博士专业学位、146 个专业课程及 5 种中学文凭。

五　墨西哥国立自治大学

墨西哥国立自治大学持续占据墨西哥顶尖大学的头衔，是一所公立大学，成立于 1910 年，是墨西哥所有大学中第一个拥有诺贝尔奖得主的校友的大学，现在有三位获奖者——分别为诺贝尔和平奖、诺贝尔文学奖和诺贝尔化学奖获得者。目前有超过 342000 名学生就读，包括 28000 名研究生。排名在世界前 50 的专业有发展研究、艺术与设计、历史与考古学、法律与法律研究、哲学、社会学，墨西哥国立自治大学还有另外 24 个专业进入世界最佳。

六　米纳斯吉拉斯州联邦大学

米纳斯吉拉斯州联邦大学是巴西米纳斯吉拉斯州贝洛奥里藏特的一所公立大学，其规模在各联邦大学中居于首位，2015 年在校本科生 40957 名，研究生 18838 名。

七　智利天主教大学

智利天主教大学是智利的两座教皇大学之一，智利天主教大学是最古老的一所，成立于 1888 年，在首都圣地亚哥有三个校区，还有一个校区在比亚里卡。是一所私立大学，学校目前拥有约 22000 名学生就读。有 28 个专业跻身世界最优秀行列，智利天主教大学进入全球前 50 的专业有农业与林业、建筑、艺术与设计、教育与培训、法律与法律研究以及哲学。

八　南大河州联邦大学

位于愉港市（Porto Alegre）的南大河联邦大学是巴西历史最悠久的高等学府之一。该校前身是成立于 1895 年的化学暨药理学校，之后改为工程学校。20 世纪初该校已初具规模，为南大河州高等教育的基地。1934 年，成立为愉港大学，1974 年正式升格为联邦大学。该校在校生和教授总数皆居南大河州之冠。

九　洛斯安第斯大学

位于首都城市波哥大的私立大学，洛斯安第斯大学仍然是哥伦比亚最顶尖的大学，作为哥伦比亚的第一所无宗派大学成立于 1948 年。目前有近 17000 名学生，包括 3500 名研究生，有广泛的学科。在 11 个专业进入 2016 年 QS 世界大学专业排名中，洛斯安第斯大学的发展研究专业位列世界第 44，艺术与设计专业位列世界前 100。

十　圣保罗州立大学

圣保罗州立大学是位于州首府城市的巴西六所公立大学之一。超过 50000 名学生就读于其 23 个校区，圣保罗州立大学还有一所大学医院、三所兽医医院、30 座图书馆，以及几个牙科、心理学、物理治疗和语音听力治疗的诊所。有 11 个专业跻身世界最优秀行列，圣保罗州立大学排名最好的专业是牙科和兽医科学（全球前 50 范围内），其次是农业与林业（前 100 名）。

◆ 我国部分拉丁美洲相关研究机构

序号	机构名称	网址	地址	电话	邮箱
1	西南科技大学拉美研究中心	http://ilacs.swust.edu.cn/	四川省绵阳市青龙大道 59 号西南科技大学拉美研究院（邮政编码:621010）	0816 – 6089396	ilacs@ swust. edu. cn
2	西南科技大学西班牙教育文化交流中心	http://flc.swust.edu.cn	四川省绵阳市涪城区青龙大道中段 59 号	0816 – 6089641	—
3	安徽大学拉丁美洲研究所	http://ilas.ahu.edu.cn/	安徽省合肥市肥西路 3 号	0551 – 6386 – 1762	fhs117@ sina. com
4	北京大学巴西文化中心	http://www.pku.edu.cn/about/zzjg/yjzx/index.htm	北京市海淀区颐和园路 5 号	—	webmaster@ pku. edu. cn（北京大学）
5	北京大学拉丁美洲研究中心	http://www.pku.edu.cn/about/zzjg/yjzx/index.htm	北京市海淀区颐和园路 5 号	—	webmaster@ pku. edu. cn（北京大学）

续表

序号	机构名称	网址	地址	电话	邮箱
6	北京外国语大学墨西哥研究中心	http://www.bfsu.edu.cn/all-deps(北京外国语大学机构总览)	北京市海淀区西三环北路2号/19号	—	liuxue@bfsu.edu.cn(北外)
7	北京语言大学—厄瓜多尔"拉美语言文化中心	http://www.blcu.edu.cn/(北京语言大学)	北京市海淀区学院路15号	010-82303114	—
8	对外经济贸易大学区域国别研究所葡语国家研究中心	http://sfs.uibe.edu.cn/jgsz/index.htm	北京市朝阳区惠新东街10号	010-64494786	—
9	对外贸易大学拉美研究中心	http://sfs.uibe.edu.cn/?(对外经济贸易大学外语学院)	北京市朝阳区惠新东街10号[6]	010-64493209	—
10	广东外语外贸大学拉美研究中心	http://www.gdufs.edu.cn/(学校)	广州市白云区白云大道北2号(北校区)/广州市番禺区小谷围广州大学城(南校区)	020-36207878	gdufs.edu.cn
11	河北师范大学秘鲁研究中心	http://www.hebtu.edu.cn/(学校)	河北省石家庄市南二环东路20号(学校)	0311-80789804	—

续表

序号	机构名称	网址	地址	电话	邮箱
12	河北外国语学院拉美国家巴西研究中心	http://www.hbwy.com.cn/10lada/Article_Show.asp? ArticleID=9116（学院）	石家庄红旗南大街汇丰西路 29 号	0311 – 85237018	xueyuan@hbwy.com.cn
13	河北外国语学院拉美国家经济研究中心	http://www.hbwy.com.cn/10lada/Article_Show.asp? ArticleID=9116（学院）	石家庄红旗南大街汇丰西路 29 号	0311 – 85237018	xueyuan@hbwy.com.cn
14	黑龙江外国语学院西班牙语言文化中心	http://www.hiu.edu.cn/index.php/about – us.html（学院）	哈尔滨市呼兰区师大南路 1 号	0451 – 8121011	—
15	湖北大学巴西研究中心	http://sfl.hubu.edu.cn/xygk.htm（外国语学院）	湖北省武汉市武昌区友谊大道 368 号	027 – 88661111	—
16	南京大学拉丁美洲研究中心	http://www.quijotito.com/index.asp	江苏省南京市浦口区学府路 8 号	025 – 58646608	—
17	南开大学拉丁美洲研究中心	http://history.nankai.edu.cn/institution.action? bmId = 47	天津市津南区海河教育园区同砚路 38 号	022 – 23501637	lsxy@nankai.edu.cn

续表

序号	机构名称	网址	地址	电话	邮箱
18	青岛大学拉丁美洲中心	http://qdzgxy.qdu.edu.cn/xygk/jgsz.htm	青岛市崂山区科大支路62号	0532 - 85953523	qdzgxy@qdu.edu.cn
19	清华大学—哥伦比亚大学跨语际文化研究中心	http://www.tsinghua.edu.cn/publish/cll/2095/index.html	北京市海淀区清华园1号	010 - 62793001	webmaster@tsinghua.edu.cn
20	清华大学经济管理学院中国—拉丁美洲管理研究中心	http://www.tsccla.sem.tsinghua.edu.cn/	北京清华大学经济管理学院伟伦楼112A	010 - 62795747	ugadmit@sem.tsinghua.edu.cn
21	清华大学中国－巴西气候变化与能源技术创新研究中心	http://www.tsinghua.edu.cn/publish/newthu/index.html(清华大学)	北京市海淀区清华大学	010 - 62793001	webmaster@tsinghua.edu.cn (管理员信箱)
22	上海外国语大学巴西研究中心	http://www.shisu.edu.cn/research/institutes - and - centers (学校)	上海市大连西路550号(邮政编码:200083)	021 - 35372000	shisuyzb@126.com
23	上海外国语大学墨西哥研究中心	http://www.shisu.edu.cn/research/institutes - and - centers (学校)	上海市大连西路550号(邮政编码:200083)	021 - 35372000	shisuyzb@126.com

续表

序号	机构名称	网址	地址	电话	邮箱
24	上海外国语大学葡萄牙语中心	http://www.shisu.edu.cn/research/institutes-and-centers（学校）	上海市大连西路550号（邮政编码：200083）	021-35372000	shisuyzb@126.com（学校）
25	首都师范大学中国与拉丁美洲古代文明比较研究所	http://www.cnu.edu.cn/index.htm（学校）	北京市西三环北路105号（邮政编码：100048）	010-68901964	info@cnu.edu.cn
26	四川大学拉美研究中心	http://flc2.scu.edu.cn/a/yanjiuzhongxin/xibanyayuyanjiuzhongxin/	成都市武侯区一环路南1段24号四川大学望江校区	028-85412276	wyxsk@scu.edu.cn（外联办）
27	四川大学拉美中心	http://flc2.scu.edu.cn/a/yanjiuzhongxin/xibanyayuyanjiuzhongxin/	成都市武侯区一环路南1段24号四川大学望江校区	028-85412276	wyxsk@scu.edu.cn（外联办）
28	四川外国语大学拉美中心	http://jidi.sisu.edu.cn/（外国语文研究中心）	重庆市沙坪坝区烈士墓壮志路33号	023-65385080	cllcs@sisu.edu.cn
29	台湾淡江大学拉丁美洲研究所	http://www.tifx.tku.edu.tw/main.php	台湾新北市淡水区英专路151号	02-2621-5656 分机2706	tifx@www2.tku.edu.tw

续表

序号	机构名称	网址	地址	电话	邮箱
30	天津外国语大学拉美研究中心	http://xibu.tjfsu.edu.cn/lamei/	天津市河西区马场道 117 号	022 - 2328 - 82681	—
31	浙江外国语学院拉丁美洲研究所	http://ilas.zisu.edu.cn/	浙江省杭州市西湖区文三路 140 号　浙江外国语学院拉丁美洲研究所（文科楼 330 - 334 室）	0571 - 88219152	townjune@163.com
32	中国科学院南美天文中心	http://www.cassaca.org/zh/中心简介/	—	—	—
33	中国拉丁美洲学会	http://3153789.1024sj.com/	北京市东城区张自忠路 3 号	—	—
34	中国—拉美法律研究中心	—	上海市	—	—
35	中国拉美史学会	http://iwh.cssn.cn/sjlss/sjlss_jgsz/201503/t20150306_19356 54.shtml	北京市东城区王府井大街东厂胡同 1 号	010 - 84177875	zgshkxw_cssn@163.com

续表

序号	机构名称	网址	地址	电话	邮箱
36	中国社会科学院拉丁美洲研究所	http://ilas.cass.cn/	北京市东城区张自忠路3号东院（北京1104信箱）	010 - 64039010	wang_sf@ cass. org. cn
37	中国社会科学院拉丁美洲研究所阿根廷研究中心	http://ilas.cssn.cn/yjzx/ag-tyjzx/agtzc/	北京市东城区张自忠路3号东院（北京1104信箱）	—	wang_sf@ cass. org. cn（研究所）
38	中国社会科学院拉丁美洲研究所巴西研究中心	http://ilas.cssn.cn/yjzx/bxyj zx/zc/	北京市东城区张自忠路3号东院（北京1104信箱）	010 - 64014009	centerbrazil@ cass. org. cn
39	中国社会科学院拉丁美洲研究所古巴研究中心	http://ilas.cssn.cn/yjzx/gbyj zx/zc/	北京市张自忠路3号东院9号楼	010 - 64014009	wang_sf@ cass. org. cn（研究所）
40	中国社会科学院拉丁美洲研究所墨西哥研究中心	http://ilas.cssn.cn/yjzx/mx-gyjzx/zc/	北京市东城区张自忠路3号东院（北京1104信箱）	010 - 64014009	mexicancenter@ 126. com
41	中国社会科学院拉丁美洲研究所中美洲和加勒比研究中心	http://ilas.cssn.cn/yjzx/zmo-hjlbyjzx/zc/	北京市张自忠路3号东院9号楼113号办公室	010 - 64019068	wang_sf@ cass. org. cn（研究所）

续表

序号	机构名称	网址	地址	电话	邮箱
42	中国现代国际关系研究院拉美研究所	http://www.cicir.ac.cn/chinese/Organ_121.html	北京市海淀区万寿寺甲2号	010-88547310	—
43	中国政法大学拉丁美洲和加勒比海地区法律和公共政策研究中心	http://www.cupl.edu.cn/index.htm(学校)	北京市海淀区西土城路25号	010-58909114	Cupl@cupl.edu.cn
44	重庆科技学院墨西哥及拉丁美洲研究中心	www.cqust.edu.cn/(学校)	重庆市沙坪坝区大学城东路20号	023-65022368	cqustzjc@163.com
45	暨南大学拉美中心	https://www.jnu.edu.cn/(学校)	广东省广州市黄埔大道西601号	020-85220010	—
46	淡江大学拉丁美洲研究所	http://www.tifx.tku.edu.tw/main.php	中国台湾台北	02-2621-5656	tifx@www2.tku.edu.tw
47	上海大学拉丁美洲研究中心	http://www.shu.edu.cn/(学校)	上海市宝山区上大路99号	021-66133370	—
48	常州大学阿根廷研究中心	http://sfl.cczu.edu.cn/2017/0619/c4491a161032/page.htm	江苏省常州市科教城常州大学周有光语言文化学院	0519-86330306	wgyxy@cczu.edu.cn
49	大连外国语大学拉美安第斯国家研究中心	http://ssp.dlufl.edu.cn/yxjs/yxjj(西葡语系)	大连市旅顺南路西段6号(西葡语系)	—	—

续表

序号	机构名称	网址	地址	电话	邮箱
50	西安外国语大学国际关系学院拉丁美洲研究中心	http://guoguan.xisu.edu.cn/xxgk/jgsz.htm	陕西省西安市长安区文苑南路 1 号	029 - 8519428	—
51	湖北大学拉美研究院	—	湖北省武汉市武昌区友谊大道 368 号	—	—
52	湖北大学巴西研究中心	—	湖北省武汉市武昌区友谊大道 368 号	—	—

◆ 全球拉丁美洲研究机构推荐

1. 拉美和加勒比经济协会　http：//vox. lacea. org

2. 联合国拉美经委会　http：//www. cepal. org

3. 世界银行拉美局　http：//www. worldbank. org/en/region/lac

4. 美洲对话组织　http：//www. thedialogue. org/

5. 美洲开发银行　http：//www. iadb. org

6. 拉美开发银行　http：//www. caf. com

7. 波士顿大学全球治理倡议

http：//www. bu. edu/pardeeschool/research/gegi

8. 布鲁金斯学会拉美倡议

http：//www. brookings. edu/about/projects/latin-america

9. 拉美社会科学院　http：//www. flacso. org

10. 巴西瓦加斯基金会　http：//portal. fgv. br/

11. 墨西哥国立自治大学拉美研究中心

http：//www. ccydEl. unam. mx/publicaciones. html

12. 拉美研究协会　http：//www. cieplan. org/

13. El Consejo Argentino para las RElaciones Internacionales（CA
RI），http：//www. cari. org. ar/

14. 智利公共政策研究中心　http：//www. cepchile. cl/

15. 智利自由和发展研究所　http：//lyd. org/

16. 墨西哥发展研究中心　http：//www. cidac. org/esp/in-
dex. php

17. 美国国际战略研究中心美洲项目　http：//csis. org/program/americas-program

18. 威尔逊中心拉美项目　http：//www. wilsoncenter. org/program/latin-american-program

19. 外交关系委员会拉美项目　http：//www. cfr. org/region/latin-america-and-the-caribbean/ri164

20. 西班牙对外银行研究部　https：//www. bbvaresearch. com/

◆ 全球拉美研究数据库/虚拟图书馆系统

1. 拉美法律数据库　http：//www. latinlaws. com/

2. 美洲开发银行拉美治理指数数据库

http：//www. iadb. org/datagob/index. html

3. 美洲开发银行拉美经济展望数据库

http：//www. iadb. org/es/investigacion-y-datos/revEla，7104. html

4. 拉美土著人立法数据库　http：//www. iadb. org/Research/legislacionindigena/leyn/index. cfm？lang = en

5. 乔治城大学美洲政治数据库　http：//pdba. georgetown. edu/

6. 全球最高收入数据库　http：//topincomes. g-mond. parisschoolofeconomics. eu/

7. 拉美古典文献数据库（1500～1899）　http：//guiastematicas. bibliotecas. uc. cl/patrimonial/fondoantiguo

8. 西班牙葡萄牙拉美期刊数据库　http：//www. redalyc. org/

9. 谷歌公共数据地图　http：//www. google. com/publicdata/

directory#！st＝DATASET

10. 拉美研究图书馆资源获取论坛　http：//salalm. org/

11. 墨西哥学院博士硕士论文库（免费）　　http：//tesis. colmex. mx/

12. 欧洲拉美研究信息门户　http：//www. red-redial. net/

13. 拉丁美洲期刊目录和内容数据库　http：//laptoc. library. vanderbilt. edu/query/basic_ search. jsp（LAPTOC）

14. 拉丁美洲公开档案门户（LAOAP）：http：//lanic. utexas. edu/project/laoap/

15. 全球拉美研究博士论文指引　http：//dissertationreviews. org/americas/latinamerica

16. 西班牙免费资源数据库　http：//dialnet. unirioja. es/（博硕论文、期刊杂志、档案文件）

17. 联合国拉美经委会统计数据库　　http：//estadisticas. cepal. org/cepalstat/WEB_ CEPALSTAT/Portada. asp

18. 墨西哥新里昂自治大学博硕论文数据库　http：//cd. dgb. uanl. mx/（免费）

19. 乌拉圭－牛津拉美经济史数据库　http：//moxlad-staging. herokuapp. com/home/es#

20. 匹兹堡大学数字图书馆　http：//digital. library. pitt. edu/p/pittpress/

21. 墨西哥伊比利亚美洲大学博硕士论文数字图书馆：
http：//www. bib. uia. mx/sitio/

22. 墨西哥国立自治大学期刊库（免费全文）
http：//www. ejournal. unam. mx/index. html

23. 智利大学数字图书馆　http：//repositorio. uchile. cl/

24. 全球经典图书历史档案库　https：//archive. org

25. 阿亚库乔图书基金会　http：//www. bibliotecayacucho. gob. ve/fba/index. php? id = 103

26. 阿根廷大学虚拟图书馆　http：//www. biblioteca. org. ar/

27. 拉美社会科学委员会　http：//www. biblioteca. clacso. edu. ar/

28. 拉美学术文献在线（英西葡）　http：//www. sciElo. org/php/index. php

29. 加勒比数字图书馆　http：//www. dloc. com/

30. 智利国家图书馆历史档案　http：//www. memoriachilena. cl/602/w3 – channEl. html

31. 中国拉美金融数据库　http：//www. thedialogue. org/map_ list

32. 加勒比社会经济数据库　http：//www. caricomstats. org/DEVINFOPAGE/index. htm

33. 拉美社会经济数据库　http：//sedlac. econo. unlp. edu. ar/eng/index. php

34. 塞万提斯虚拟图书馆　http：//www. cervantesvirtual. com/（连接拉美各国图书馆）

35. 巴西国家统计局　http：//www. ibge. gov. br/home/

36. 世界银行拉美数据库　http：//data. worldbank. org/region/LAC

37. 世界选举数据库（拉美）　http：//www. Electionresources. org/

民意调查数据库：

1. 拉美晴雨表　http：//www. latinobarometro. org/latContents. jsp？CMSID ＝ Datos

2. 美洲晴雨表　http：//www. vanderbilt. edu/lapop/index. php

3. 全球皮尤态度　http：//www. pewglobal. org/

4. 圣保罗页报数据　http：//datafolha. folha. uol. com. br/

5. 委内瑞拉民调　http：//www. datanalisis. com/

6. 盖洛普调查　http：//www. gallup. com/topic/americas. aspx

7. 世界价值观调查　http：//www. worldvaluessurvey. org/wvs. jsp

8. 拉美民调数据库　http：//www. ropercenter. uconn. edu/latin-american/latin-american-databank. html

◆ 拉美主要国际组织和国际会议

联合国拉美经委会　http：//www. cepal. org/

美洲国家组织　http：//www. oas. org/

美洲开发银行　http：//www. iadb. org/

拉丁美洲经济体系　http：//www. sela. org/

南方共同市场　http：//www. mercosur. org. uy/

安第斯共同体　http：//www. comunidadandina. org/

拉美一体化协会　http：//www. aladi. org/

中美洲共同市场　http：//www. sicanet. org. sv/

美洲自由贸易区　http：//www. ftaa-alca. org/（通过这个网站

可找到拉美各国有关的网站和资料）

拉丁美洲议会　http：//www. parlatino. org. br/

安第斯议会　http：//www. parlamentoandino. org/

中美洲议会　http：//www. parlacen. org. gt/

加勒比国家联盟　http：//www. iadb. org/intal/

七十七国集团　http：//www. g77. org/

国际货币基金组织　http：//www. imf. org/

世界银行　http：//www. bancomundial. org/

联合国　http：//www. un. org

联合国教科文组织　http：//www. unesco. org/

联合国粮农组织　http：//www. fao. org/

欧盟　http：//www. europa. eu. int/

联合国蒙特雷发展筹资会议　http：//www. cumbre. monterrey. gob. mx

南方国家首脑会议　http：//www. cumbresur. cu

美洲国家首脑会议　http：//www. americascanada. org

伊比利亚美洲首脑会议　　http：//xicumbre. rree. gob. pe/indice. htm

美国拉美网　http：//www. cibercentro. com（这个网站十分有用，网站有西班牙语和英语两种文字，通过它可以找到拉美、西班牙和美国各国政府、主要报刊、电台和电视台的网址）

美国得州大学拉美网　http：//www. lanic. utexas. edu（这个网站对我们了解美国和拉美研究和教学的机构、查找有关拉美的资料很有用）

美国大学拉美网　http：//www. ucis. pitt. edu/clas

美国 CNN 有线电视西班牙语

http：//www. cnnenespanol. com（通过这个网址我们可以及时了解拉美所发生的大事）

◆ 拉美各国和地区政府和外交部网址

阿根廷总统府　http：//www. presidencia. gov. ar

巴西总统府　http：//www. presidencia. gov. br

智利总统府　http：//www. presidencia. cl

智利网站　http：//www. sitios. cl

哥伦比亚总统府　http：//www. presidencia. gov. co

墨西哥总统府　http：//www. presidencia. gob. mx

巴拿马总统府　http：//www. presidencia. gob. pa

乌拉圭总统府　http：//www. presidencia. gub. uy

多米尼加总统府　http：//www. presidencia. gov. do

古巴政府　http：//www. cubagob. cu

委内瑞拉政府　http：//www. venezuela. gov. ve

圣卢西亚政府　http：//www. stlucia. gov. lc

牙买加政府　http：//www. cabinet. gov. jm

波多黎各自由联邦政府　http：//www. gobierno. pr

阿根廷外交部　http：//www. mrecic. gov. ar

玻利维亚外交部　http：//www. rree. gov. bo

巴西外交部　http：//www. mre. gov. br

智利外交部　http：//www. minrel. cl

哥伦比亚外交部　http：//www. minrelext. gov. co

哥斯达黎加外交部　http：//www. rree. go. cr

厄瓜多尔外交部　http：//www. mmrree. gov. ec

危地马拉外交部　www. minex. gob. gt

尼加拉瓜外交部　http：//www. cancilleria. gob. ni

巴拿马外交部　http：//www. mire. gob. pa

巴拉圭外交部　http：//www. mre. gov. py

委内瑞拉外交部　http：//www. mre. gov. ve

多米尼加共和国外交部　http：//serex. gov. do

洪都拉斯外交部　http：//www. sre. hn

墨西哥外交部　http：//www. sre. gob. mx

秘鲁外交部　http：//www. rree. gob. pe

乌拉圭外交部　http：//www. mrree. gub. uy

◆ 拉美国家大学和研究机构网址

阿根廷

布宜诺斯艾利斯大学　Universidad de Buenos Aires，UBA

http：//www. uba. ar/

经济社会研究所　Instituto de Investigaciones Economica y Social

http：//www. econ. uba. ar/institutos/historia/

经济研究所　Instituto de Investigaciones Economicas

http：//www. econ. uba. ar/institutos/economia/

拉美哲学和语言研究所　Instituto de Filosofia y Lenguas Hispanoamericanas

http：//www. filo. uba. ar/institutos/ filoylihisp/

阿根廷和拉美艺术史研究所　Instituto de Historia del Arte Argentino y Latinoamericano

http：//www. filo. uba. ar/contenidos/investigacion/institutos/

拉美文学研究所　Instituto de Literatura Hispanoamericana

http：//www. filo. uba. ar/contenidos/investigacion/institutos/ lithispa/ilh/

拉普拉塔大学　Universidad Nacional de la Plata，UNLP

http：//www. uplp. edu. ar/

贝尔格拉诺大学　Universidad del Belgrano，UB

http：//www. ub. edu. ar/

科尔多瓦大学　Universidad Nacional de Cordoba，UNCOR

http：//com. uncor. edu：80/

萨尔瓦多大学　Universidad del Salvador

http：//www. salvador. edu. ar/

外交关系学院　Instituto del Servicio Exterior de la Nacion，ISEN

http：//isen. mrecic. gov. ar/

国家和社会研究中心　Centro de Estudios de Estadoy Sociedad，CEDES

http：//www. cedes. org/

阿根廷社会科学学院　Facultad Latinoamericana de Ciencias Sociales，FLACSO de Argentina

http：//www. flacso. org. ar/

拉美社会科学理事会　Consejo Latinoamericano de Ciencias Sociales, CLACSO

http：//www. clacso. edu. ar/

阿根廷国际关系理事会　Consejo Argentino para las Relaciones Internacionales, CARI

http：//www. cariI. org. ar/

巴　西

圣保罗大学　Universidade do Sao Paulo, USB

http：// www. usp. br/

巴西利亚大学　Universidade de Brasilia, UNB

http：//www. unb. br/

里约热内卢联邦大学　Universidade do Estado do Rio de Janeiro

http：//www. unifesp. br/

里约热内卢州立大学　Universidade Federal do Rio de Janeiro

http：//www. ufrj. br/

里约热内卢天主教大学　Pontificia Universidade Catolica, PUC-rio

http：//www. puc-rio. br/

瓦加斯基金会　Fundacao Getulio Vargas, FGVSP

http：//www. fgvsp. br/

玻利维亚

玻利瓦尔天主教大学　Universidad Catolica Bolivariana, UCB

http：//www. ucb. edu. bo/

圣安德列斯大学　Universidad Mayor de San Andres

http：//www. umsanet. edu. bo/

哥伦比亚

国立哥伦比亚大学　Universidad Nacional de Colombia

http：//www. unal. edu. co/

安第斯大学　Universidad de los Andes

http：//www. uniandes. edu. co/

哥伦比亚天主教大学　Universidad Catolica de Colombia

http：//www. ucatolica. edu. co/

安东尼奥·纳里尼奥大学　Universidad Antonio Narino

http：//www. hanarino. edu. co/

哥斯达黎加

哥斯达黎加社会科学学院　FLACSO de Costa Rica

http：//www. flacso. or. cr/

古　巴

哈瓦那大学　Universidad de la Habana

http：//www. uh. edu. cu/

拉斯比利亚斯中央大学　Universidad Central de Las Villas

http：//www. uclv. edu. cu/

比那尔德里奥大学 Universidad de Pinar del Rí o "Hermanos SaŠz"

http：//www. upr. edu. cu/

马坦萨斯大学　Universidad de Matanzas http：//www. umtz. edu. cu/

西恩富戈斯大学　Universidad de Cienfuegos
http：//www. ucf. edu. cu/

"何塞·安东尼奥·埃切维里亚"理工学院
Instituto Polit†cnico "Jose Antonio EchevarrŠa"
http：//www. ispjae. edu. cu/

古巴科学院　http：//www. cuba. cu/ciencia/acc/

马蒂研究中心　http：//www. amarti. cult. cu/

智　利

智利大学　Universidad de Chile
http：//www. uchile. cl/

国际问题研究所　Instituto de Estudios Internacionales
http：//www. uchile. cl/facultades/estinter/

智利天主教大学　Universidad Catolica de Chile
http：//www. puc. cl/

瓦尔帕莱索天主教大学　Universidad Catolica de Valparaiso
http：//www. ucv. cl/

智利安第斯大学　Universidad de los Andes
http：//www. uandes. cl/

拉丁美洲社会科学学院　FLACSO de Chile
http：//www. flacso. cl/

智利太平洋基金会　Fundacion Chilena del Pacifico
http：//www. funpacifico. cl/

厄瓜多尔

厄瓜多尔天主教大学　Pontificia Universidad Catolica del Ecuador

http：//www. puce. edu. ec/

天球赤道理工大学　Universidad Tecnologica Equinoccial

http：//ute. edu. ec/

厄瓜多尔社会科学学院　FLACSO de Ecuador

http：//www. flacso. org. ec/

危地马拉

危地马拉圣卡洛斯大学　Universidad de San Carlosde Guatemala

http：//www. usac. edu. gt/

危地马拉瓦列大学　Universidad del Valle de Guatemala

http：//www. uvg. edu. gt/

洪都拉斯

洪都拉斯理工大学　Universidad Tecnologica de Honduras

http：//www. wth. hn/

洪都拉斯天主教大学　Universidad Catolica de Honduras

http：//www. unicah. edu. hn/

墨西哥

墨西哥学院　Colegio de Mexico，COLMEX

http：//www. colmex. mx/

经济研究中心　Centro de Estudios Economicos，CEE

http：//www. colmex. mx/centros/cee/

社会学研究中心　Centro de Estudios Sociologicos，CES

http：//www. colmex. mx/centros/ces/

国际研究中心　Centro de Estudios Internacionales，CEI

http：//www. colmex. mx/centros/cei/

亚非研究中心　Centro de Estudios de Asiay Africa，CEAA

http：//www. colmex. mx/centros/ceaa/

语言和文学研究中心　Centro de Estudios Linguisticos y Literarios，CELL

http：//www. colmex. mx/centros/cell/

人口和城市发展研究中心　Centro de Estudios Demograficos y de Desarrollo Urbano，CEDDU

http：//www. colmex. mx/centros/ceddu/

历史研究中心　Centro de Estudios Historicos，CEH

http：//www. colmex. mx/centros/ceh/

墨西哥国立自治大学　Universidad Nacional Autonoma de Mexico，UNAM

http：//www. unam. mx/

经济研究所　Instituto de Investigaciones Economicas de UNAM，IIEc

http：//www. iiec. unam. mx/

历史研究所　Instituto de Investigaciones Historicasde UNAM，IIH

http：//www. unam. mx/iih/

法学研究所　Instituto de Investigaciones Juridicasde UNAM，IIJ

http：//info. juridicas. unam. mx/

哲学研究所　Instituto de Investigaciones Filosoficasde UNAM, IIF

http：//www. filosoficas. unam. mx/

社会学研究所　Instituto de Investigaciones Socialesde UNAM, IIS

http：//www. unam. mx/iisunam/

拉美研究协调和传播中心　Centro Coordinador y Difunsor de Estudios Latinoamericanos de UNAM, CCYDE

http：//www. ccyde/unam. mx/

蒙特雷高等理工学院　Instituto Tecnologico de Estudios Superiores de Monterrey, ITESM

http：//www. mty. itesm. mx/

经济研究和教育中心　Centro de Investigacion y Docencia Economicas, CIDE

http：//www. cide. mx/

墨西哥拉美社会科学学院　FLACSO de Mexico http：//www. flacso. edu. mx/

国家印第安研究所　Instituto Indigenista Nacional http：//www. ini. gob. mx/

国立人类学和历史学院　Instituto Nacional de Antropologia e Historia, INAH

http：//www. inah. gob. mx/

美洲印第安研究所　Instituto Indigenista Interamericano, III

http：//www. ini. gob. mx/iii/

泛美地理和历史研究所　Instituto Panamericano de Geografia e Historia，IPGH

http：//spin. com. mx/ ~ ipgh

拉丁美洲货币研究中心　Centro de Estudios Monetarios Latino-americanos，CEMLA

http：//www. cemla. org/

尼加拉瓜

尼加拉瓜国立自治大学　Universidad Nacional Autonoma de Nicaragua，UNAM

http：//www. unam. edu. ni

尼加拉瓜理工大学　Universidad Politecnica de Nicaragua

http：//www. upoli. edu. ni/

巴拿马

巴拿马大学　Universidad de Panama

http：//www. up. ac. pa/

巴拿马拉丁大学　Universidad Latina de Panama

http：//www. ulat. ac. pa/

巴拿马理工大学　Universidad Tecnologica de Panama

http：//www. up. ac. pa/

秘　鲁

国立圣马尔科斯大学　Universidad Nacional Mayorde San Marcos

http：//www. unmsm. edu. pe/

太平洋大学　Universidad del Pacifico

http：//www. up. edu. pe/Centro de Investigacion

http：//www. up. edu. pe/ciup/

利马大学　Universidad de Lima

http：//www. ulima. edu. pe/

秘鲁天主教大学　Pontificia Universidad del Peru

http：//www. pucp. edu. pe/

促进发展研究中心　Centro de Estudios de Promocion del Desarrollo，DESCO

http：//www. desco. org. pe/

发展分析中心　Grupo de Analisis para el Desarrollo

http：//www. rcp. net. pe/

秘鲁研究所　Instituto de Estudios Peruanos，IEP

http：//www. iep. org. pe/

萨尔瓦多

萨尔瓦多大学　Universidad de El Salvador

http：//www. ues. sv/

萨尔瓦多理工大学　Universidad Politecnica de ElSalvador

http：//upes. edu. sv/

东方大学　Universidad del Oriente

http：//www. univo. edu. sv/

乌拉圭

共和国大学　Universidad de la Republica

http：//www. rau. edu. uy/

乌拉圭天主教大学　Universidad Catolica de Uruguay

http：//www. ucu. edu. uy/

第三世界研究所　http：//www. item. org. uy/

委内瑞拉

委内瑞拉中央大学　Universidad Central de Venezuela

http：//www. ucv. ve/

发展研究中心　Centro de Estudios del Desarrollo，CENDES

http//www. ucv. ve/CENDES/

安德烈斯·贝略天主教大学　Universidad Catolica Andres Bello

http：//www. ucab. edu. ve/

安第斯大学　Universidad de los Andes

http：//www. ula. ve/

西蒙·玻利瓦尔大学　Universidad Simon Bolivar

http：//www. usb. ve/

罗慕洛·加列戈斯拉丁美洲研究中心 Centro de Estudios Lati-
noamericanos，CELARG　http：//www. celarg. ve/

西班牙

马德里孔普鲁滕斯大学　Universidad Complutense de Madrid

http：//www. ucm. es/

马德里自治大学　Universidad Autonoma de Madrid

http：//www. wam. es/

拉丁美洲和非洲政治研究所　Instituto de Estudios Politicos

para America Latina y Africa

http：//www. iepala. es/

拉丁美洲研究学院　Escuela de Estudios Hispanoamericanos

http：//www. csic. es

◆ 主要西班牙文报纸

Argentina 阿根廷：

El Cronista《纪事报》　http：//www. cronista. com. ar/

Clarin《号角报》　http：//www. clarin. com. ar/

La Nation《民族报》　http：//www. lanacion. com. ar/

Paging 12《第十二页报》　http：//www. paginal2. com. ar/

Bolivia 玻利维亚：

El Diario《每日新闻报》　http：//www. eldiario. net/

La Prensa《新闻报》　http：//166. 114. 23. 62/

La Razn《理性报》　http：//www. la-razon. com/

Brasil 巴西：

O Globo《环球报》　http：//oglobo. globo. com/

Jornal do Brasile《巴西日报》

http：//jbonline. terra. com. br/

Folha de Sao Paulo《圣保罗之页》

http：//www. folha. uol. com. br/folha/

Jornaldodia《日报》　http：//www. jornaldodia. com. br/

Colombia 哥伦比亚：

El Tiempo《时代报》　http：//Eltiempo. terra. com. co/

El Espectador《旁观者报》　http：//www. elespectador. com/

El Colombiano《哥伦比亚人报》　http：//www. elcolombiano. terra. com. co/

Costa Rica 哥斯达黎加：

La Nation《民族报》　http：//www. nation. co. cr/

El Heraldo《先驱报》　http：//www. elheraldo. net/

La Prensa Libre《自由新闻报》

http：//www. prensalibre. co. cr/

Cuba 古巴：

Granma（diario）《格拉玛日报》

http：//www. granma. to. tu/

http：//www. granma. cubaweb. cu/

Granma（semanal）《格拉玛周报》　http：//www. granma. tu/

Juventud　RebElde　《起义青年报》　http：//www. jrebelde. cubaweh. cu/

Trabajadores《劳动者报》

http：//www. trabajadores. cubaweb. cu/

El　Economista　《经济学家报》　http：//www. eleconomista. cubaweb. cu/

Chile 智利:

El Mercurio《信使报》　http：//www. enrol. com/

Primera Paging《头版报》　http：//chile. primerapagina. com/

El Diario Estrategia《战略报》　http：//www. estregia. cl/

La Tercera《时代评判者报》　http：//www. tercera. c1/

El Mostrador《柜台报》　http：//www. elmostrador. c1/

Ecuador 厄瓜多尔:

Hoy《今日报》　http：//www. hoy. com. ec/

El Comercio《商报》　http：//www. elcomercio. com/

El Universo《宇宙报》　http：//www. eluniverso. com/

El Salvado: 萨尔瓦多:

La Prensa Grafica《新闻画报》

http：//www. laprensa. com. sv/

El Diario de Hoy《今日报》　http：//www. elsalvador. com/

Diario EL Mundo《世界报》　http：//www. elmundo. com. sv/

西班牙:

ABC《阿贝赛报》　http：//www. abc. es/

El Pais《国家报》　http：//www. elpais. es/

El Mundo《世界报》　http：//www. e1-mundo. es/

La Vanguardia《先锋报》　http：//www. vanguardia. es/

EE. UU. 美国：

El Nuevo Heraldo《新先驱报》　http：//www. Elheraldo. com/

Nueva Opinion《新舆论报》

http：//www. nuevaopinion. com/

La Raza《种族报》　http：//www. zwire. com/

Guatemala 危地马拉：

Prensa Libre《自由新闻报》　http：//www. prensalibre. com/

Honduras 洪都拉斯：

La Prensa Honduras《洪都拉斯新闻报》

http：//www. laprensahn. com/

Tiempos dEl Mundo《世界时代报》

http：//www. tiemposdElmundo. hn/

La Tribuna《论坛报》　http：//www. latribuna. hn/

Mexico 墨西哥：

Reforma《改革报》　http：//www. reforma. com/

El Universal《宇宙报》　http：//www. El-universal. com. mx/

Cronica《纪事报》　http：//www. cronica. com. mx/

Jornada《日报》　http：//www. jornada. unam. mx/

El Financiero《金融家报》

http：//www. Elfinanciero. com. mx/

ExcElsior《至上报》　http：//www. excElsior. com. mx/

Nicaragua 尼加拉瓜:

La Prensa《新闻报》　　http：//www. laprensa. com. ni/

El Nuevo Diario《新日报》

http：//www. Elnuevodiario. com. ni/

Panama 巴拿马:

La Prensa《新闻报》　　http：//www. prensa. com/

El Siglo《世纪报》　　http：//www. Elsiglo. com/

El Universal 宇宙报》　　http：//www. epasa. com/

Paraguay 巴拉圭:

La Nacion《民族报》　　http：//www. lanacion. com. py/

Ultima Hora《最后时刻报》　　http：//www. ultimahora. com/

Diario Vanguardia《先锋报》　　http：//www. diariovanguardia. com/

Noticias《消息报》　　http：//www. diarionoticias. com. py/

Peru 秘鲁:

El Comercio《商报》　　http：//www. Elcomercioperu. com. pe/

La Republica《共和国报》

http：//www. larepublica. com. pe/

Expreso《快报》　　http：//www. expreso. com/

Sintesis《综述报》　　http：//www. sintesis. com. pe/

Puerto Rico 波多黎各：

Primera Hora《第一钟点报》

http：//www. primerahora. com/

La EstrElla《明星报》　http：//www. estrElladepr. com/

Republica Dominicana 多米尼加：

Listin Diario《利斯汀报》　http：//www. listin. com. do/

El Nacional《国民报》　http：//www. Elnacional. com. do/

Hoy《今日报》　http：//www. hoy. com. do/

El Siglo《世纪报》　http：//www. Elsiglord. com/

Rumbo《航向报》　http：//www. enEl. net/rumbodiario/

Ultima Hora 最后时刻报》　http：//www. ultimahora. com. do/

Uruguay 乌拉圭：

El Pais《国家报》　http：//www3. diarioElpais. com/

Diario La Republica《共和国报》

http：//www. diariolarepublica. com/

Diario　El　Pueblo　《人民日报》http：//www. diarioElpueblo.
com. uy/

El Observador《观察家报》　http：//www. observa. com. uy/

VenezuEla 委内瑞拉：

El Nacional《国民报》　http：//www. El-nacional. com/

El Universal《宇宙报》　http：//www. El-universal. com/

El Mundo《世界报》　http：//www. Elmundo. com. ve/

后　记

　　2015年9月，我荣幸地承担了国家留学基金管理委员会委托的课题"我国赴拉美留学人才培养结构与布局研究"，该项课题的顺利开展得到了西南科技大学拉美研究中心领导刘捷教授的大力支持，使得本书问世有了可能。

　　中国与拉丁美洲留学人员交流与培养研究在国内学术界是冷门方向，关注此问题的专家学者屈指可数。要编撰成书，实属不易。在此，特别感谢国家留学基金管理委员会美大事务部董志学主任，从筹划出书到编辑定稿，在百忙之中他曾多次与我沟通并提出了许多宝贵的意见和建议。同时要感谢为本书提供帮助的西南科技大学拉美研究中心李仁芳博士、袁艳博士、林瑶博士等。感谢本书责任编辑张林主任以及其他编辑同志为本书的修改完善而做的大量技术性工作。在此对专家们的辛勤付出以及提出的宝贵意见谨致谢忱！

　　路正长，歌未央。随着"一带一路"国家倡议的持续推进，中国与拉美各国在教育领域的合作空间广泛，发展潜力巨大。作为一名研究人员，我将潜心研究工作，为中国与拉丁美洲教育合作与交流研究领域贡献力量。

何霖俐

2017年11月于四川绵阳